Alena Franken

Spukgespenst Fachkräftemangel?

Eine betriebswirtschaftliche Betrachtung
der aktuellen Debatte in Deutschland

Bachelor + Master
Publishing

Franken, Alena: Spukgespenst Fachkräftemangel? Eine betriebswirtschaftliche Betrachtung der aktuellen Debatte in Deutschland, Hamburg, Bachelor + Master Publishing 2013

Originaltitel der Abschlussarbeit: Spukgespenst Fachkräftemangel? Eine betriebswirtschaftliche Betrachtung der aktuellen Debatte in Deutschland

Buch-ISBN: 978-3-95684-106-4
PDF-eBook-ISBN: 978-3-95684-606-9
Druck/Herstellung: Bachelor + Master Publishing, Hamburg, 2013
Covermotiv: © Kobes - Fotolia.com
Zugl. Carl-von-Ossietzky-Universität Oldenburg, Oldenburg, Deutschland, Bachelorarbeit, August 2012

Bibliografische Information der Deutschen Nationalbibliothek:
Die Deutsche Nationalbibliothek verzeichnet diese Publikation in der Deutschen Nationalbibliografie; detaillierte bibliografische Daten sind im Internet über http://dnb.d-nb.de abrufbar.

Das Werk einschließlich aller seiner Teile ist urheberrechtlich geschützt. Jede Verwertung außerhalb der Grenzen des Urheberrechtsgesetzes ist ohne Zustimmung des Verlages unzulässig und strafbar. Dies gilt insbesondere für Vervielfältigungen, Übersetzungen, Mikroverfilmungen und die Einspeicherung und Bearbeitung in elektronischen Systemen.

Die Wiedergabe von Gebrauchsnamen, Handelsnamen, Warenbezeichnungen usw. in diesem Werk berechtigt auch ohne besondere Kennzeichnung nicht zu der Annahme, dass solche Namen im Sinne der Warenzeichen- und Markenschutz-Gesetzgebung als frei zu betrachten wären und daher von jedermann benutzt werden dürften.

Die Informationen in diesem Werk wurden mit Sorgfalt erarbeitet. Dennoch können Fehler nicht vollständig ausgeschlossen werden und die Diplomica Verlag GmbH, die Autoren oder Übersetzer übernehmen keine juristische Verantwortung oder irgendeine Haftung für evtl. verbliebene fehlerhafte Angaben und deren Folgen.

Alle Rechte vorbehalten

© Bachelor + Master Publishing, Imprint der Diplomica Verlag GmbH
Hermannstal 119k, 22119 Hamburg
http://www.diplomica-verlag.de, Hamburg 2013
Printed in Germany

Einführender Hinweis

Zur erleichterten Lesbarkeit wurde in dieser Bachelorarbeit explizit auf die Nennung beider Geschlechter dort verzichtet, wo eine geschlechtsneutrale Formulierung nicht möglich war. Es wird demnach darauf hingewiesen, dass die verwendeten männlichen Begriffe die weiblichen Formen ebenso mit einbeziehen.

Inhaltsverzeichnis

Inhaltsverzeichnis III

Abbildungs- und Tabellenverzeichnis V

Abkürzungsverzeichnis VI

1. Einleitung 2

2. Grundlagen 3

2.1 Definitionen der Begriffe „Fachkraft" und „Fachkräftemangel" 3

2.2 Begriffliche Abgrenzungen 4

2.3 Ermittlung eines Fachkräftemangels 5

3. Historische Einordnung des Fachkräftemangels 6

3.1 Das „Gastarbeitersystem" in Deutschland 1954 - 1973 6

3.2 Fachkräftemangel in den 80er und 90er Jahren 7

3.3 Der IT-Fachkräftemangel und die „Green-Card-Regelung" 2000 - 2004 8

4. Mögliche Ursachen eines Fachkräftemangels 10

4.1 Die „Mismatch"-Problematik 10

4.2 Kurzfristige Ursachen 11

4.3 Langfristige Ursachen 12

5. Durch den Fachkräftemangel betroffene Branchen und Berufe 14

6. Betriebswirtschaftliche Auswirkungen 17

6.1 Folgen für die Unternehmen 17

6.2 Offizielle Handlungsempfehlungen und Lösungswege der Betriebe 20

7. Fachkräftemangel als Mythos 25

7.1 Beschönigung der Statistiken und Umstände 25

7.2 Deflation von Arbeitskraft 31

7.3 Der Einfluss der Lobbyisten auf die Debatte des Fachkräftemangels 38

7.4 Wie das Argument des demografischen Wandels die Debatte über den Fachkräftemangel stützt 40

7.5 Hintergründe über den Wunsch nach qualifizierter Zuwanderung 44

8. Fazit und Ausblick **48**

9. Literaturverzeichnis **51**

Abbildungs- und Tabellenverzeichnis

Abbildung 1: Abnahme des Arbeitskräftepotenzials bis 2025. 28

Abbildung 2: Darstellung des Schweinezyklus anhand des Beispiels von

Fachkräfteangebot und –nachfrage. 34

Abbildung 3: Bevölkerungszahl von 1950 bis 2060. 41

Abbildung 4: Fort- und Zuzüge bis 2009. 46

Tabelle 1: Erwerbstätige nach Erwerbsformen für 1991, 2000 und 2010. 36

Abkürzungsverzeichnis

BA	Bundesagentur für Arbeit
BDI	Bundesverband der Deutschen Industrie e.V.
BITKOM	Bundesverband Informationswirtschaft, Telekommunikation und neue Medien e.V.
DIHK	Deutscher Industrie- und Handelskammertag
DIW	Deutsches Institut für Wirtschaftsforschung
IAB	Institut für Arbeitsmarkt- und Berufsforschung
IKT	Informations- und Kommunikationstechnologie
IW	Institut der deutschen Wirtschaft Köln
KfW	Kreditanstalt für Wiederaufbau
KMU	Kleine und mittlere Unternehmen
MINT	Mathematik, Informatik, Naturwissenschaft und Technik
VDI	Verein Deutscher Ingenieure e.V.
ZEW	Zentrum für Europäische Wirtschaftsforschung GmbH

„Antworten auf Befragungen sind darüber hinaus umso eher unzutreffend, je stärker sie die Interessenslage der Befragten berühren. Zwar dürfte dies beim Kräftemangel weniger der Fall sein, als wenn man fragt „Sind die Steuern zu hoch?" oder „Ist der Wettbewerb zu hart?", aber eine Affinität von „Kräftemangel" zu unternehmerischen Interessenslagen ist ebenfalls gegeben".[1]

---

[1] Bundesanstalt für Arbeit, 2002, S. 33.

1. Einleitung

Fachkräftemangel ist ein Phänomen, welches seit Jahrzehnten wiederkehrend in den Fokus der wirtschafts- und arbeitsmarktpolitischen Diskussionen rückt[2]. Durch den wirtschaftlichen Aufschwung nach der Krise klagen Unternehmen aktuell über fehlende Fachkräfte und die Diskussion gewinnt zunehmend an Brisanz: Wirtschaft, Wissenschaftler und Politik streiten über die Frage, ob tatsächlich ein Fachkräftemangel in Deutschland besteht. Fakt ist: Kurzfristige Ungleichgewichte am Arbeitsmarkt treten häufig in dynamischen Markwirtschaften auf und sind nicht bedenklich[3]. Problematisch sind allerdings langfristige Angebotsüberhänge, welche zu Wachstumseinbußen und Standortgefährdung für die Unternehmen führen können[4]. Unternehmerverbände und die Bundesregierung rechtfertigen die derzeitige Diskussion vor allem mit der fortschreitenden Alterung und Abnahme des Erwerbspersonenpotenzials durch den demografischen Wandel. Durch diesen würden sich die aktuellen Engpässe in Deutschland in Zukunft noch weiter verschärfen. Kritiker sehen in der Debatte jedoch vor allem die Intention von Unternehmen und Politik ihre subjektiven Interessen durchzusetzen.

Fraglich ist, ob der aktuell diskutierte Fachkräftemangel in dieser Form tatsächlich existiert, oder ob es sich dabei um ein „Spukgespenst" handelt. Zur Beantwortung dieser Frage richtet die vorliegende Bachelorarbeit ihren Fokus auf zwei Sichtweisen: Im ersten Teil dieser Arbeit wird neben einiger Grundlagen vor allem auf die Argumente der Befürworter des Fachkräftemangels eingegangen. Hierbei werden insbesondere potenzielle Auswirkungen des Fachkräftemangels auf Unternehmen aufgezeigt. Im zweiten Teil werden die Argumente für einen Fachkräftemangel kritisch hinterfragt. Dazu wird auf die Vorgehensweisen und die Gründe von Unternehmen und Politik zur Förderung der Diskussion eingegangen, um dem Leser schlussendlich eine andere Sichtweise auf die Thematik abseits der weit verbreiteten Auffassung über den Fachkräftemangel aufzuzeigen.

---

[2] Vgl. Bosch et. al., 2003, S. 2 ff..
[3] Vgl. ebenda, S. 1.
[4] Vgl. Hug, 2008, S. 7.

2. Grundlagen

2.1 Definitionen der Begriffe „Fachkraft" und „Fachkräftemangel"

Im Folgenden soll zunächst darauf eingegangen werden, was eine Fachkraft ist und wie ein Fachkräftemangel definiert werden kann. Das Institut für Arbeitsmarkt- und Berufsforschung[5] versteht unter einer Fachkraft „einen Erwerbstätigen mit akademischem Hochschulabschluss, abgeschlossener Lehre oder einem Abschluss als Meister, Techniker oder Fachwirt. Erwerbstätige, die keines dieser Merkmale aufweisen, werden als ‚gering Qualifizierte' bezeichnet"[6]. Fachkräfte sind demnach alle Personen, die eine Tätigkeit ausüben, für die mindestens eine Berufsausbildung notwendig ist[7]. Auch die Bundesregierung definiert den Begriff „Fachkräfte" als "Personen mit einer anerkannten akademischen als auch einer anerkannten anderweitigen mindestens zweijährigen abgeschlossenen Berufsausbildung"[8].

Zur Definition des Fachkräftemangels ist zunächst zu sagen, dass keine allgemeingültige Definition des Begriffes existiert. Die Bundesregierung versteht unter einem Fachkräftemangel den Zustand, „wenn die Nachfrage nach Fachkräften nicht bzw. nicht ausreichend gedeckt werden kann. Dies kann gesamtwirtschaftlich zutreffen oder sich bspw. nur auf berufsfachliche oder räumlich und/oder zeitlich begrenzte Teilarbeitsmärkte beziehen"[9]. Das Zentrum für europäische Wirtschaftsforschung[10] kommt in einer empirischen Analyse zum IKT[11]-Fachkräftemangel zu dem Schluss, dass der Begriff Fachkräftemangel einerseits den Mangel an Fachkräften mit bestimmten Berufsausbildungen bedeutet, andererseits jedoch auch den Mangel an Zusatzqualifikationen, welche in einer entsprechenden Berufsausbildung im Regelfall erlangt werden sollten[12]. Die letzte Aussage des ZEW deckt sich mit der des IAB, welches einen Fachkräftemangel als die fehlende Übereinstimmung von Anforderungen am Arbeitsplatz mit den entsprechenden Qualifikationsprofilen und -potentialen der zukünftigen oder auch bereits bestehenden Arbeitskräfte beschreibt.

---

[5] Im Folgenden IAB genannt.
[6] Werner et. al., 2004, S. 25.
[7] Vgl. Janik, 2008, S. 2.
[8] Deutscher Bundestag, 2011, S. 3.
[9] ebenda.
[10] Im Folgenden ZEW genannt.
[11] Informations- und Kommunikationstechnologie.
[12] Vgl. ZEW, 2001, S. 20.

Solche Qualifikationen können sowohl formaler Natur, als auch Soft Skills oder zusätzliche Kenntnisse sein.[13]

2.2 Begriffliche Abgrenzungen

Vielfach wird im Zuge eines Fachkräftemangels auch von einem *Arbeitskräftemangel* oder einem *Fachkräfteengpass* gesprochen. Doch zwischen diesen Begriffen existieren Unterschiede. Im Gegensatz zu dem überregionalen Bezug eines Fachkräftemangels ist von einem *Arbeitskräftemangel* zu sprechen, wenn ein Arbeitsmarkt regional abgrenzbar ist. Bei diesem übersteigt die Anzahl der zu besetzenden Stellen über einen längeren Zeitraum hinweg die Anzahl der auf dem Arbeitsmarkt vorhandenen und geeigneten Fachkräfte. Jedoch werden hierbei auch ungelernte Kräfte in die Berechnung mit einbezogen, so dass berufliche Qualifikationen wie bei einem Fachkräftemangel nicht berücksichtigt werden.[14] Unternehmen haben durch einen Arbeitskräftemangel regelmäßig Probleme, ihre freien Stellen mit geeignetem Personal zu besetzen, da dieses nicht oder nicht mit den geforderten Qualifikationen zur Verfügung steht.[15] Dieser Mangel äußert sich in der betrieblichen Realität z.B. durch einen reduzierten Eingang von Bewerbungen für offene Stellen. Ein bestehender Arbeitskräftemangel ist allerdings in der Regel kein dauerhafter Zustand, da die Betriebe entsprechende Anpassungen wie beispielsweise eine Reduktion der Produktion vornehmen könnten, um so den entsprechenden Bedarf an Arbeitskräften zu senken.[16] Spricht man im Gegenzug von einem *Fachkräfteengpass*, so stehen wie bei einem Fachkräftemangel die fehlenden oder unzureichenden Qualifikationen von Arbeitnehmern bzw. die erhöhten Anforderungen der Arbeitgeber an die Qualifikationen der Mitarbeiter im Vordergrund. Zu unterscheiden ist hierbei, dass ein Fachkräfteengpass ein eher kurzfristig währendes Problem darstellt, welchem die betroffenen Branchen oder Betriebe erfolgreich durch eine erhöhte Lohnzahlungsbereitschaft oder auch die Investition in Aus- und Weiterbildung begegnen könnten.[17]

---

[13] Vgl. Kettner, 2011, S. 1.
[14] Vgl. Bundesinstitut für Berufsbildung et. al., 2010, S. 1.
[15] Vgl. ebenda.
[16] Vgl. Kettner, 2012, S. 15.
[17] Vgl. ebenda, S. 16.

2.3 Ermittlung eines Fachkräftemangels

Die Bundesagentur für Arbeit[18] zieht mangels einer einheitlichen Definition eines Fachkräftemangels zur Berechnung von möglichen Engpässen Faktoren wie die Relation von Arbeitslosen und Stellenmeldungen oder die Vakanzzeit zwischen dem geplanten Besetzungstermin der Stelle und der tatsächlichen Abmeldung dieser heran[19]. Daneben werden Faktoren wie der Anteil der älteren Erwerbstätigen sowie monatliche Befragungen der BA zu Angebot und Nachfrage für bestimmte Berufsgruppen betrachtet[20]. Das IAB grenzt diese Faktoren noch weiter ein und zieht Berechnungen heran, welche beispielsweise Aufschluss über die Anzahl der Bewerbungen für Ingenieursstellen, Eignung der Bewerbungen oder auch die Zahl arbeitsloser Ingenieure geben[21]. Das Institut der deutschen Wirtschaft Köln[22] untersuchte im Jahr 2009 in einem Forschungsbericht zum Fachkräftemangel in Deutschland anhand von Daten des Statistischen Bundesamts die Zahl der Hochschulabsolventen bestimmter wissenschaftlicher Gruppen. Hierbei stützt sich das IW zunächst auf Aussagen der Deutschen Industrie- und Handelskammer[23], sowie auf solche des IAB, welche bereits in den Jahren 2005 bis 2007 durch Umfragen eine hohe Zahl an freibleibenden offenen Stellen in Unternehmen konstatierten. So stellte beispielsweise der DIHK im Zuge seiner Herbstumfrage im Jahr 2005 fest, dass 16 Prozent der Unternehmen teilweise kein geeignetes Personal für ihre offenen Stellen finden.[24] Das IW leitet daraus und aus den Zahlen des Statistischen Bundesamtes ab, dass im Bereich hochqualifizierter Arbeitskräfte seit einigen Jahren ein wachsender Nachfragebedarf seitens der Unternehmen besteht. So stieg die Anzahl der hochqualifizierten Erwerbstätigen zwischen 1991 und 2004 um 43 Prozent. Das IW leitet einen drohenden Fachkräftemangel jedoch aus der Problematik ab, dass die Zahl der Hochschulabsolventen, obwohl diese in den letzten Jahren um ca. 19 Prozent angestiegen ist, die hohe Nachfrage der Unternehmen nach Hochqualifizierten insgesamt nicht decken kann, da diese nicht ausreichend in den benötigten Segmenten zur Verfügung stehen wür-

---

[18] Im Folgenden BA genannt.
[19] URL: http://www.arbeitsagentur.de/nn_29310/Dienststellen/RD-NRW/RD-NRW/Regionalinformationen/fkb/epa-01-engpassanalyse.html [Stand: 06.05.2012].
[20] Vgl. Bundesagentur für Arbeit, 2011, S. 6.
[21] Vgl. Biersack/Kettner/Schreyer, 2007, S. 1.
[22] Im Folgenden IW genannt.
[23] Im Folgenden DIHK genannt.
[24] Vgl. DIHK, 2005, S. 2.

den. Gleichzeitig wurden sogar in Teilen des Bereichs Mathematik, Informatik, Naturwissenschaft und Technik[25] rückläufige Absolventenzahlen und eine Verschiebung hin zum vermehrten Studium der Rechts-, Sozial und Geisteswissenschaften festgestellt.[26] Insgesamt ist also festzuhalten, dass in den hier genannten Studien vor allem die Tatsache für eine Ermittlung eines Fachkräftemangels ausschlaggebend ist, ob Unternehmen ihre Stellen in bestimmten Bereichen besetzen können oder nicht, oder ob die Vakanzzeit im Vergleich zu den vorangegangenen Jahren länger ist.

3. Historische Einordnung des Fachkräftemangels

3.1 Das „Gastarbeitersystem" in Deutschland 1954 - 1973

1954 entbrannte erstmals die Diskussion über eine Rekrutierung italienischer Arbeitskräfte für die westdeutsche Wirtschaft. Die Weltwirtschaft verzeichnete ein hohes Wachstum und die Arbeitsmärkte in den industrialisierten Ländern expandierten.[27] Zudem bestanden in Deutschland in Bezug auf die Arbeitslosigkeit große regionale Unterschiede. Lag die Arbeitslosenquote 1954 insgesamt noch bei 7 Prozent, was über 1 Mio. Arbeitslosen entsprach, so hatte beispielsweise Baden-Württemberg 2,2 Prozent und im Gegensatz dazu Schleswig-Holstein 11,1 Prozent an Arbeitslosen zu verzeichnen. Zudem war in Deutschland durch die Rüstungsproduktion und der Einziehung militärpflichtiger Jahrgänge ein Mangel an Arbeitskräften zu erwarten. Vor allem in der Landwirtschaft wurden dringend Arbeitskräfte benötigt, da die Landflucht, auch aufgrund der schlechten Arbeitsbedingungen, ein noch immer gegenwärtiges Problem darstellte. 1955 wurde ein solcher Anwerbevertrag zur erleichterten Rekrutierung und Beschäftigung ausländischer Arbeitskräfte erstmals zwischen Deutschland und Italien geschlossen.[28] Durch den Eintritt der kriegsbedingt geburtenschwachen Jahrgänge in die Erwerbsfähigkeit sowie der Senkung der durchschnittlichen Arbeitszeit spitzte sich die Arbeitsmarktsituation weiter zu. Zudem fehlte ab 1961 durch den Mauerbau die Arbeitskraft der DDR-Flüchtlinge und das

---

[25] Im Folgenden MINT genannt.
[26] Vgl. Koppel/Plünnecke, 2009, S.8.
[27] Vgl. Oltmer/Kreienbrink/Sanz Díaz, 2012, S.9.
[28] Vgl. Herbert, 2001, S. 202 f..

Wirtschaftswachstum hielt weiter an.[29] Dadurch folgten weitere Verträge mit Spanien und Griechenland 1960, sowie mit der Türkei 1961, Marokko 1963, Portugal 1964, Tunesien 1965 und zuletzt Jugoslawien im Jahre 1968. Handelte es sich bei den Tätigkeiten der italienischen Arbeitskräften vorwiegend um landwirtschaftliche Arbeiten[30], so wurden die angeworbenen Kräfte zunehmend auch in der industriellen Produktion eingesetzt und zumeist angelernt, wobei sie großen körperlichen Belastungen und einem niedrigen Lohnniveau ausgesetzt waren.[31] 1973/74 durchzog ein Anwerbestopp die industrialisierten europäischen Staaten, welcher eine weitergehende ausländische Rekrutierung untersagte. Zwischen 1961 und 1973 war die Zahl der ausländischen Erwerbsfähigen von ca. 550.000 auf 2,6 Mio. angestiegen.[32] Die alten Industrien, wie die Eisen- und Stahlindustrie, die Textilindustrie oder auch der Bergbau, welche Tausende un- und angelernter Einwanderer beschäftigten, wurden zunehmend in produktionsgünstigere Länder ausgelagert. Vor allem auch die voranschreitende Automatisierung der industriellen Produktion rief Rationalisierungen hervor. Die 70er und 80er Jahre lassen einen klaren gesellschaftlichen Strukturwandel erkennen, welcher sich auch unweigerlich auf den deutschen Arbeitsmarkt auswirkte, so dass ca. 11 Mio. der rund 14 Mio. ausländischen Arbeitskräfte wieder in ihre Heimatländer zurückkehrten.[33] Der Unterschied zu der heutigen Diskussion über die Lösung des Fachkräftemangels durch Zuwanderung besteht darin, dass im Gegensatz zu einer kurzfristigen „Aushilfe" ausländischer Arbeitskräfte, wie dies bis in die 1960er Jahre der Fall war, in der heutigen Zeit eine qualifizierte und langfristige Zuwanderung erstrebt wird. Diese Thematik wird in Kapitel 7.5 noch näher behandelt.

3.2 Fachkräftemangel in den 80er und 90er Jahren

Anfang der 80er Jahre entbrannte eine neue politische Diskussion, ob ein Fachkräftemangel in Deutschland bestünde. Diese ging einher mit der Ansicht, die deutsche Bevölkerung sei „technikfeindlich", wodurch ein drohender Mangel an den entspre-

---

[29] Vgl. Bade/Oltmer, 2004, S. 71.
[30] Vgl. Herbert, 2001, S. 202 f..
[31] Vgl. Oltmer/Kreienbrink/Sanz Díaz, 2012, S.11.
[32] Vgl. ebenda.
[33] Vgl. ebenda.

chenden Fachkräften und auch Ingenieuren prognostiziert wurde.[34] Diese Technikfeindlichkeit der Deutschen wurde abgeleitet aus dem rückläufigen Interesse der Gymnasiasten und Studenten an naturwissenschaftlich-technischen Schulfächern, aus den Ergebnissen der von Meinungsforschern erhobenen Studien sowie aus den erheblichen Protesten gegen Großtechnologien[35]. Bei diesen Umfragen wurden allerdings einzelne Befragungsergebnisse selektiert und so interpretiert, wie es politisch nötig war[36]. So wurden bereits in dieser Zeit „‚hausgemachte' Ursachen weitgehend ausgeblendet und die typische Zyklizität der Arbeitsnachfrage nicht thematisiert, sondern vielmehr verkürzend ausschließlich anhand der Arbeitsangebotsentwicklung argumentiert."[37] Durch die gleichzeitig hohe Arbeitslosigkeit sollten vor allem massive Arbeitszeitverkürzungen als Lösung herangezogen werden, was das Problem des Fachkräftemangels allerdings nur verschärft hätte[38]. Daneben wurden Debatten über Flexibilität, Lohnnebenkosten oder Mängel im Bildungssystem geführt[39]. In den darauffolgenden Jahren wurden einige grundlegende Dinge in der Berufsausbildung verändert und die Diskussion verlor Mitte der 90er Jahre durch den Wirtschaftseinbruch Westdeutschlands, hervorgerufen durch die Wiedervereinigung, an Aktualität.[40] Die Debatte wurde zusätzlich verschärft durch die Diskussionen über den Einfluss des demografischen Wandels auf den Mangel an Fachkräften und erlangte somit bereits zu dieser Zeit eine neue Dimension[41].

3.3 Der IT-Fachkräftemangel und die „Green-Card-Regelung" 2000 - 2004

Ende der 90er Jahre entflammte die Debatte über einen Fachkräftemangel erneut durch den kurzweiligen wirtschaftlichen Aufschwung. Erstmalig wurden hier auch Akademiker gesucht, wie z.B. Fachleute der Informationstechnologie[42] oder auch Ingenieure[43]. Am 1. Januar 2000 trat in Deutschland die unter Rot-Grün formulierte Reform des aus dem Jahre 1913 stammenden Reichs- und Staatsangehörigkeitsrechts

---

[34] Vgl. Bosch et. al., 2003, S. 2.
[35] Vgl. Der Bundesminister für Forschung und Technologie, 1982, S. 1.
[36] Vgl. Kistler, 2005, S. 1.
[37] Vgl. ebenda.
[38] Vgl. Bosch, 1986, S. 271 ff..
[39] Vgl. Bosch et. al., 2003, S. 4.
[40] Vgl. ebenda.
[41] Vgl. ebenda.
[42] Im Folgenden IT genannt.
[43] Vgl. Bosch et. al., 2003, S. 3.

in Kraft. Diese ermöglichte nun unter anderem die doppelte Staatsbürgerschaft, um vor allem im Hinblick auf den bestehenden Mangel an IT-Fachleuten qualifizierten ausländischen Staatsangehörigen die Erlangung der deutschen Staatsbürgerschaft zu erleichtern. So sollte eine Tätigkeit in Deutschland für geeignete Fachkräfte attraktiver gemacht werden.[44] Denn durch die sich rasant entwickelnde digitale Revolution wurde die IT innerhalb kürzester Zeit zu einer Schlüsseltechnologie. Auch Wirtschaft und öffentliche Verwaltung begannen ihre Prozesse zunehmend elektronisch zu steuern und so zeichnete sich innerhalb kürzester Zeit eine Fachkräftelücke ab. Bis Mitte der 90er Jahre gab es allerdings keine geregelte Aus- und Fortbildung in der Informations- und Kommunikationstechnologie. 80 Prozent der Arbeitskräfte, welche zu diesem Zeitpunkt auf dem IT-Arbeitsmarkt tätig waren, waren Quereinsteiger.[45] Der Bundesverband Informationswirtschaft, Telekommunikation und neue Medien e.V.[46] schätzte die Zahl der unbesetzten Arbeitsplätze im IT-Bereich im Jahre 2000 auf 75.000[47]. Am 1. August 2000 wurde unter Bundeskanzler Gerhard Schröder die Green-Card-Regelung als „Verordnung über Aufenthaltserlaubnisse für hoch qualifizierte ausländische Fachkräfte der Informations- und Kommunikationstechnologie (IT-ArGV)" eingeführt. Diese sollte die Immigration internationaler und hochqualifizierter IT-Spezialisten erleichtern und gleichzeitig als Lockmittel wirken, um den hohen Bedarf an Computerspezialisten im Inland zu decken. Doch kritische Stimmen monierten die Problematiken bei dem Zuzug von Ehe- und Lebenspartnern sowie die Gefahr einer Ausweisung bei einem Verlust des Arbeitsplatzes.[48] Infolgedessen wurde die Green-Card-Regelung am 1. Januar 2005 durch das „Gesetz zur Steuerung und Begrenzung der Zuwanderung und zur Regelung des Aufenthalts und der Integration von Unionsbürgern und Ausländer (Zuwanderungsgesetz)" ersetzt.[49] Trotz aller Kritiken sieht der BITKOM die Green-Card als vollen Erfolg an. So wanderten zwischen 2000 und 2010 rund 33.000 IT-Fachkräfte nach Deutschland ein, wobei die Zahlen im Vergleich zum Höhepunkt im Jahre 2001, mit 6.400 bewilligten Greencards, stark rückläufig waren. So sank die Zahl der eingewanderten ausländischen

---

[44] Vgl. Storz/Wilmes, 2007, S. 1.
[45] Vgl. Weißmann, 2008, S. 3.
[46] Im Folgenden BITKOM genannt.
[47] URL: http://www.bitkom.org/62707_62675.aspx [Stand: 06.07.2012].
[48] Vgl. Rahner, 2011, S. 2.
[49] Vgl. ebenda.

IT-Spezialisten im Jahre 2009 auf 2.900.[50] Dies lag vor allem daran, dass die starke Nachfrage nach Fachpersonal 2001 jäh durch den Einbruch der „New Economy", beeinflusst durch die Geschehnisse des 11. September, abnahm und IKT-Unternehmen sogar Stellen abbauen mussten. Hinzu kam, dass die zwischen 1999 und 2004 über 60.000 ausgebildeten IT-Fachkräfte nun dem Arbeitsmarkt zur Verfügung standen: Das Informatikstudium absolvierten zwischen den Jahren 2000 und 2005 jährlich 6.000 bis 12.000 Studenten und die Green-Card-Regelung schwemmte in dieser Zeit rund 17.000 ausländische Fachkräfte auf den Arbeitsmarkt. Zudem standen zusätzlich noch umgeschulte Arbeitskräfte zur Verfügung. Daraus ergaben sich steigende Arbeitslosenzahlen in der IT-Branche. Lagen diese im Jahre 2000 noch bei 26.242 arbeitslosen Personen, stieg diese Zahl bis 2004 auf 75.000 Erwerbslose an.[51]

4. Mögliche Ursachen eines Fachkräftemangels

4.1 Die „Mismatch"-Problematik

Betrachtet man die aktuellen Arbeitslosenzahlen erscheint die aktuelle Debatte über einen Fachkräftemangel in Deutschland widersprüchlich. Das Statistische Bundesamt meldete für Mai 2012 ca. 2,86 Mio. Arbeitslose, wohingegen die Zahl der gemeldeten offenen Stellen durch die Arbeitgeber rund 500.000 betrug[52]. Viele der offenen Stellen werden der BA gar nicht erst gemeldet. Die BA geht sodann von einer Meldequote von einem Drittel aus[53], wodurch 1,5 Mio. Stellen im Monat Mai unbesetzt waren. Betrachtet man diese Zahlen, könnte man zu der Annahme gelangen, dass die gemeldeten Stellen leicht mit den arbeitslosen Personen besetzt werden könnten. Dadurch würde sich die Arbeitslosenquote verringern und gleichzeitig ein fortschreitendes Wirtschaftswachstum generiert, so dass keine Wachstumseinbußen entstehen. Allerdings können Informations- oder Suchdefizite und vor allem auch der Umstand,

---

[50] URL: http://www.bitkom.org/de/markt_statistik/64054_62675.aspx [Stand: 18.08.2012].
[51] Vgl. Weißmann, 2008, S. 4.
[52] URL: https://www.destatis.de/DE/ZahlenFakten/GesamtwirtschaftUmwelt/Arbeitsmarkt/Erwerbslo-
sikeit/ArbeitsloseSGB/ArbeitsloseSGBAktuell.html;jsessionid=B763BC29DCF5CE1CFFDE146F167
49AEF.cae2 [Stand: 06.07.2012].
[53] Vgl. Eichhorst/Thode, 2002, S. 19.

dass die Arbeitskräftenachfrage nicht den beruflichen Qualifikationen, Regionen und Sektoren des Arbeitskräfteangebotes entspricht, zu einer Nichtbesetzung der offenen Stellen mit den gemeldeten Arbeitslosen führen. Diesen Zustand bezeichnet man in der Ökonomie als „Mismatch".[54] In der Literatur werden neben einem solchen Mismatch zwei Faktoren unterschieden, welche zu einem Mangel an Fachkräften führen können. Zum einen existieren konjunkturell bedingte, temporäre Ursachen und zum anderen strukturelle Ursachen, welche sich in der Regel dauerhaft auf den Arbeitsmarkt auswirken[55]. Da in der Literatur eine Vielzahl von Ursachen existiert, werden im Folgenden nur diejenigen behandelt, die vor allem in der aktuellen Debatte des Fachkräftemangels von Bedeutung sind.

4.2 Kurzfristige Ursachen

Speziell in konjunkturellen Hochphasen lassen sich Fachkräfteengpässe in vor allem stark expandierenden Branchen erkennen, welche mit Wachstumseinbußen für die betroffenen Unternehmen einhergehen können[56]. Mit dem Auf und Ab des Wirtschaftswachstums nehmen diese Engpässe regelmäßig zu und auch wieder ab und sind somit auf eher kurzfristige Schwankungen zurückzuführen. Die aktuellen Diskussionen über den Fachkräftemangel werden unter anderem dem rasanten Wirtschaftswachstum nach dem Einbruch des Bruttoinlandsproduktes aufgrund der Eurokrise im Jahre 2009 zugeschrieben, wodurch ein großer Bedarf an Fachkräften hervorgerufen wurde.[57] Folgt man allgemeinen Stimmen wie die der BA, lässt sich dieser bisher auch bei einem steigenden Akademikerangebot von rund 1,87 Mio. Studierenden im Wintersemester 2001/2002[58] auf ca. 2,38 Mio. im Wintersemester 2011/2012[59] noch nicht decken. Zudem unterliegen die Absolventenzahlen von Studiengängen unterschiedlicher Fachrichtungen ständigen Schwankungen, wodurch sich die Situation ergeben kann, dass ein bestimmter Bedarf an Fachkräften kurzfristig nicht gedeckt werden kann. Denn konjunkturelle Schwankungen können zu Einstellungsstopps oder Ähnlichem in bestimmten Branchen oder Berufszweigen führen, wodurch sinkende Zahlen an Studienanfängern an den Hochschulen hervorgerufen

---

[54] Vgl. Bundesagentur für Arbeit, 2011, S. 6.
[55] Vgl. Eichhorst/Thode, 2002, S. 20f..
[56] Vgl. ebenda, S. 20.
[57] Vgl. Bundesagentur für Arbeit, 2011, S. 6.
[58] Vgl. Statistisches Bundesamt, 2011a, S. 13.
[59] Vgl. ebenda, 2012, S. 6.

werden. Erholt sich die Arbeitsmarktsituation wieder, stehen weniger Absolventen in diesen Segmenten zur Verfügung und es entsteht ein unternehmensseitiges Defizit an geeignetem fachlichem Nachwuchs.[60]

4.3 Langfristige Ursachen

Neben den bereits genannten Ursachen, welche kurzfristig zu einem Fachkräftemangel führen können, existieren strukturelle Ursachen, die zu einem Fachkräftemangel führen und diesen zu einem eher langfristigen Problem machen. Vor allem diese Ursachen beflügeln die aktuelle Debatte über den Fachkräftemangel in Deutschland und werden als dessen neue Dimension beschrieben.[61] Diese äußert sich insbesondere durch den fortschreitenden demografischen Wandel, welcher zum einen durch die erhöhte Lebenserwartung der Menschen und zum anderen durch eine sinkende Geburtenrate erkennbar ist.[62] Das Altern der Bevölkerung ist bereits seit den 1950er Jahren beobachtbar, während eine zunehmend sinkende Geburtenrate eine neue Dimension der Thematik bildet. Seit 2003 schrumpft die Bevölkerungszahl in Deutschland[63]. Das Statistische Bundesamt errechnete bis 2030 einen Rückgang der Bevölkerung um 5 Mio. Menschen[64]. Die Kombination beider Faktoren führt zu einer immer älter werdenden Gesellschaft und einem Rückgang der Bevölkerung. Dies bedeutet gleichzeitig ein vermindertes Erwerbspersonenpotenzial, d.h. es gibt weniger Menschen, die dem Arbeitsmarkt und damit den Unternehmen mit ihrer Arbeitskraft und damit auch als Fachkraft zur Verfügung stehen.[65]

Neben der demografischen Problematik kommt als zweite Ursache hinzu, dass sich wirtschaftliche Strukturen in der Volkswirtschaft in rasantem Tempo verändern. Dies wird wiederum durch die Globalisierung hervorgerufen. Nationale Märkte entwickeln sich zunehmend zu internationalen Märkten, vorangetrieben durch neue Technologien und Transportmöglichkeiten sowie innovative Produktionsprozesse.

---

[60] Vgl. Eichhorst/Thode, 2002, S. 20.
[61] Vgl. ebenda.
[62] Vgl. Fuchs/Söhnlein/Weber, 2011, S. 1.
[63] Vgl. Statistisches Bundesamt, 2009, S. 5.
[64] Vgl. ebenda, 2011b, S. 8.
[65] Vgl. Salzmann/Skirbekk/Weiberg, 2010, S. 11.

Verschiedene Volkswirtschaften sind weltweit miteinander vernetzt.[66] Somit wirken vermehrt Wettbewerbsimpulse auf deutsche Märkte und damit auch Unternehmen ein, denen es zu begegnen gilt. Ein solcher wirtschaftlicher Strukturwandel geht einher mit einem Wachstum des Arbeitsmarktes, bedeutet aber auch gleichzeitig das Schrumpfen oder sogar Wegfallen anderer Branchen, wie z.B. des Steinkohlenbergbaus in Deutschland. Dieser ist aufgrund der Substituierbarkeit mit subventionierten erneuerbaren Energien fast gänzlich aus der Industrie. Dieser Wandel bedeutete gleichzeitig auch einen massiven Wegfall von Arbeitsplätzen. Die Qualifikationen der heutigen Arbeitnehmer müssen aufgrund der Entwicklung zu einer forschungs- und wissensintensiven Gesellschaft vermehrt höheren und auch differenzierteren Anforderungen entsprechen[67]. Als Antwort darauf unterliegt das deutsche Beschäftigungssystem bereits seit längerem einem fortschreitenden Höherqualifizierungstrend[68]. Dies zeigen bereits die Zahlen der Absolventen eines ersten akademischen Abschlusses. Für das Jahr 2010 errechnete das Statistische Bundesamt 294.881 Studierende, die ihr Studium erfolgreich beendeten. Im Jahre 2000 waren es im Gegensatz dazu 176.654, also 13 Prozent weniger.[69] Aber nicht nur Arbeitnehmer, sondern auch Unternehmen unterliegen zunehmend dem Druck, sich schnell an neue Wettbewerbsimpulse anzupassen und dem Globalisierungstrend durch schlanke Prozesse zu begegnen, um im verschärften Wettbewerb mithalten zu können.

Defizite im Bildungssystem werden als eine weitere Ursache eines Fachkräftemangels angesehen. Erlangen Kinder, Jugendliche und Erwachsene in Aus- oder Fortbildung nicht die auf dem Arbeitsmarkt benötigten Qualifikationen, verkleinert sich die Auswahl an geeigneten Arbeitskräften für die Unternehmen. Doch nicht nur die Vermittlung von Allgemeinwissen spielt hier eine Rolle, sondern auch das Erlangen von Soft-Skills ist eine Grundlage für das (spätere) Berufsleben. Durch die unternehmensseitige Entwicklung zu vermehrter Teamarbeit, sind soziale und intellektuelle Kompetenzen von essenzieller Wichtigkeit.[70] Eine mangelnde „Qualität" der Auszubildenden bedeutet für Unternehmen ein negatives Kosten-Nutzen-Verhältnis, da

---

[66] URL: http://www.bmwi.de/DE/Themen/Wirtschaft/Wirtschaftspolitik/globalisierung.html [Stand: 07.07.2012].
[67] Vgl. Mesaros/Vanselow/Weinkopf, 2009, S. 21.
[68] Vgl. Reinberg/Hummel, 2004, S. 1.
[69] Vgl. Statistisches Bundesamt, 2012, S. 12.
[70] Vgl. Eichhorst/Thode, 2002, S. 26f..

auf der einen Seite mehr Aufwand für die Betreuung betrieben werden muss und andererseits nicht die Leistungen für das Unternehmen erbracht werden, welche benötigt werden[71]. Daneben tragen Studiengebühren im akademischen Bereich dazu bei, dass junge Erwachsene aus einkommensschwächeren Haushalten der Zugang zum Studium verwehrt bleibt und dem Arbeitsmarkt so fähige Lehrer, Ärzte oder auch Ingenieure verloren gehen. Einem 2011 veröffentlichten Bericht der HIS Hochschul-Informations-System GmbH zufolge, entscheiden sich 30 Prozent der Studienberechtigten im Jahr 2008 vor allem aufgrund der Kosten gegen ein Studium. Hierbei spielen aber nicht nur Studiengebühren eine Rolle, sondern auch der Verzicht auf Verschuldung nach Beendigung des Studiums durch Studienkredite oder Bafög-Bezug.[72] Daneben schüren Aspekte wie ein später Einstieg von Akademikern in das Berufsleben sowie ein niedriges Niveau oder die fehlende Inanspruchnahme von Weiterbildungsmöglichkeiten das Problem eines Fachkräftemangels[73].

5. Durch den Fachkräftemangel betroffene Branchen und Berufe

Auf Anfrage der Fraktion DIE LINKE im Jahre 2011, in welchen konkreten Branchen und Berufen ein Fachkräftemangel herrscht, blieb die Bundesregierung der Opposition und damit auch der deutschen Bevölkerung eine klare Antwort schuldig. So antwortete die Bundesregierung in ihrem offiziellen Schreiben auf die Fragen der Opposition, dass Deutschland vielmehr mit Fachkräfteengpässen in bestimmten Bereichen zu kämpfen habe und noch nicht mit einem branchenübergreifenden Fachkräftemangel und distanzierte sich damit von ihren bisherigen Aussagen, es herrsche bereits an ein akuter Mangel[74]. Der Bundesregierung lagen im Zuge der Arbeitskräfteallianz, einem im Jahre 2009 von der großen Koalition gegründeten Gremium zur Deckung des Arbeitskräftebedarfs, knapp 60 Studien vor, welche differenzierte Untersuchungen zu einem Fachkräftemangel nach Region, Beruf, Qualifikation, Unternehmensgröße und Zeitrahmen zeigten. Hieraus ergaben sich aber nach eigenen Angaben keine klaren Endergebnisse, durch welche Rückschlüsse auf einen Mangel in

---

[71] Vgl. Muehlemann/Wolter, 2007, S. 1.
[72] Vgl. Heine/Quast, 2011, S. 9.
[73] Vgl. Eichhorst/Thode, 2002, S. 28f..
[74] Vgl. Deutscher Bundestag, 2011, S. 2.

konkreten Branchen oder Berufen gezogen werden konnten, da verschiedenste Datengrundlagen und Methoden zur Definition von betroffenen Bereichen herangezogen wurden. Zudem führten verschiedene Definitionen der Begriffe „Fachkraft" und „Hochqualifizierte" zu einer Verzerrung einheitlicher Endergebnisse.[75] Dies stellt ein generelles Problem der aktuellen Debatte über den Fachkräftemangel dar. Da keine verlässliche Datengrundlage existiert, können auch keine abschließenden Aussagen über betroffene Branchen oder Berufe getroffen werden, in denen ein akuter Engpass oder Mangel an Fachkräften zu spüren ist. Deshalb werden diese vielfach auf Unternehmensbefragungen gestützt.[76] Als Resultat bezog sich die Bundesregierung sodann bevorzugt auf Forschungsergebnisse aus den eigenen Reihen, nämlich auf die des Statistischen Bundesamtes und der Bundesagentur für Arbeit[77]. Im weiteren Verlauf werden demnach solche Bereiche dargestellt, welche die Bundesregierung als von einem Fachkräfteengpass betroffen ansieht. Nach eigener Aussage fehlen vor allem in akademischen und in naturwissenschaftlich-technischen Berufen Fachkräfte[78]. Eine konkretere Aussage machte die Bundesregierung in ihrem offiziellen Schreiben nicht. Laut Engpassanalyse der BA im Juni 2012 sind technische sowie Gesundheits- und Pflegeberufe von einem Engpass betroffen, wobei hierbei zusätzlich nach Regionen differenziert werden muss. Bei den technischen Berufen werden vor allem Ingenieure gesucht, besonders im Bereich Maschinen- und Fahrzeugtechnik, Mechatronik, Energie und Elektronik sowie in der Informatik, IT-Anwendungsberatung, Softwareentwicklung und Programmierung. Dieser Studie zufolge sind neben Sachsen, Sachsen-Anhalt und Thüringen besonders die westlichen Bundesländer betroffen. Demgegenüber mangele es im ganzen Bundesgebiet an Ingenieuren im Bereich Forschung und Entwicklung, technischer Zeichnung, Konstruktion und Modellbau sowie bei der Ver- und Entsorgung. Bei den Gesundheits- und Pflegeberufen werden vor allem Humanmediziner im nahezu gesamten Bundesgebiet gesucht, genau wie Gesundheits- und Krankenfachpflege- sowie Altenpflegefachkräfte.[79]

---

[75] Vgl. ebenda, S. 5.
[76] Vgl. Mesaros/Vanselow/Weinkopf, 2009, S. 9.
[77] Vgl. Deutscher Bundestag, 2011, S. 5.
[78] Vgl. ebenda, S. 3.
[79] Vgl. Bundesagentur für Arbeit, 2012a, S. 1.

Das IAB nennt in seinem Kurzbericht 18/2008 Maschinenbau-, Elektro- und Wirtschaftsingenieure als die am ehesten vom Fachkräfteengpass betroffenen Berufe, wobei auch hier keine Vollbeschäftigung herrsche und lediglich sinkende Arbeitslosenzahlen auf einen drohenden Engpass hinweisen könnten. So suchten im September 2008 immer noch 8.100 Arbeitslose eine Beschäftigung in einem dieser drei genannten Bereiche.[80] Das IW spricht auf Basis von Statistiken der Bundesagentur für Arbeit von einem Engpass im MINT-Bereich, also Berufe die Qualifikationen im Bereich Mathematik, Informatik, Naturwissenschaften und Technik benötigen. In einer bildungsökonomischen Analyse von 2009 stellte das IW die der BA als offen gemeldeten Stellen den Arbeitslosenzahlen bestimmter Berufsordnungen gegenüber. Dies können beispielsweise Gruppen wie „Elektroingenieure", „Architekten und Bauingenieure" oder auch „Sonstige Ingenieure" sein, demnach also präzise Berufe und keine reinen Berufsfelder wie z.B. „Agrarberufe" oder „Elektroberufe".[81] Werden in bestimmten Berufsordnungen rapide sinkende Arbeitslosenzahlen bei gleichzeitiger Zunahme offener Stellen beobachtet, so geht das IW von einer Fachkräftelücke in diesen Berufsordnungen aus und rechnet diese für den gesamten MINT-Bereich hoch. Das Institut kam sodann zu dem Ergebnis, dass insbesondere Maschinen- und Fahrzeugbauingenieure, Elektroingenieure, Maschinenbautechniker und Datenverarbeitungsfachleute von einem Engpass betroffen sind. Daneben bestände eine Fachkräftelücke in Teilsegmenten der Naturwissenschaftler. So nennt das IW neben den technischen Berufen die Berufe der Physiker, Physikingenieure und Mathematiker als betroffene Bereiche.[82] Bei seinen Berechnungen ist das IW in den MINT-Berufen von einer Meldequote von 15 Prozent ausgegangen. Lediglich bei Ingenieuren wurde von 13 Prozent ausgegangen.[83] Dies liegt daran, dass laut Bundesagentur für Arbeit bei der Gesamtheit der Berufsordnungen lediglich ca. jede dritte Stelle gemeldet wird[84]. „Gerade bei der Suche nach hochqualifizierten Mitarbeitern nutzen Unternehmen alternative Wege der Personalsuche (Stellenanzeigen, Stellen-

---

[80] Vgl. Biersack et. al., 2008, S. 4.
[81] Vgl. Koppel/Plünnecke, 2009, S. 10.
[82] Vgl. ebenda, S. 16 ff..
[83] Vgl. ebenda.
[84] Vgl. ebenda, S. 11.

angebote auf der Homepage) oder rekrutieren Mitarbeiter über Initiativbewerbungen"[85].

6. Betriebswirtschaftliche Auswirkungen

6.1 Folgen für die Unternehmen

Fachkräftemangel ist ein Problem, welches sich unmittelbar auf die Geschäftsprozesse von Unternehmen auswirkt. Nach der endogenen Wachstumstheorie bedingen technologische Produktionsmöglichkeiten in Verbindung mit hochqualifizierten Mitarbeitern technologischen Fortschritt und Wirtschaftswachstum. Denn das Humankapital stellt einen entscheidenden Wettbewerbsfaktor dar und wirkt bei einem akuten Mangel unmittelbar als Wachstumsbremse.[86] Für das Jahr 2006 konstatierte das IW für die deutsche Volkswirtschaft aufgrund fehlender Fachkräfte einen Wertschöpfungsverlust von 18,5 Mrd. Euro. Geht man nun von einem Fachkräfteengpass in bestimmten Branchen und Berufen aus und betrachtet diese Problematik aus Unternehmensperspektive, stellt sich zunächst die Frage, ob eher große oder kleine und mittlere Unternehmen[87] betroffen sind. Hierbei gehen die Meinungen auseinander. Einigen Stimmen zufolge sind große Unternehmen eher von einem Fachkräfteengpass betroffen. Eine Umfrage des DIHK ergab, dass mit Zunahme der Unternehmensgröße auch die Schwierigkeit zunimmt offene Stellen zu besetzen. So klagen 51 Prozent der Betriebe mit über 1.000 Mitarbeitern über Besetzungsprobleme.[88] Laut DIHK ist der Grund dafür, dass vor allem große, internationale Unternehmen von dem Konjunkturaufschwung nach der Wirtschaftskrise profitieren, woraus sich eine erhöhte Nachfrage nach Personal ergibt. Daneben haben diese aufgrund einer tendenziell höheren Fluktuation mehr und öfter Stellen zu besetzen und auch die nötigen Ressourcen, um bei fehlender Eignung von Bewerbern Personallücken aus den eigenen Reihen zu decken.[89] Dies ist bei KMU weniger der Fall. Daneben fehlen oftmals

---

[85] Bundesagentur für Arbeit, 2008, S. 1.
[86] Vgl. Koppel/Plünnecke, 2009, S. 5.
[87] Im Folgenden KMU genannt.
[88] Vgl. DIHK, 2007, S. 8.
[89] Vgl. Mesaros/Vanselow/Weinkopf, 2009, S. 19.

auch die finanziellen Ressourcen als Gegensteuerungsmaßnahme.[90] Hier kommen zudem Rekrutierungsprobleme aufgrund von Größe, Struktur und Standort hinzu, da Bewerber größere Unternehmen in Bezug auf diese Faktoren als attraktiver empfinden[91]. Vor allem bei der Nachwuchssicherung spielen diese Aspekte eine Rolle, da Auszubildende eher größere Unternehmen mit möglicherweise attraktiven Standorten und Karrieremöglichkeiten bevorzugen, als kleinere Unternehmen, die in diesen Bereichen im Vergleich weniger zu bieten haben[92]. Insgesamt stehen KMU folglich in unmittelbarer Konkurrenz zu Großunternehmen. Dies bedeutet, dass der Mittelstand größere Schwierigkeiten bei der Stellenbesetzung aufweist, wenn auch nicht so häufig Stellen vakant sind wie bei Großunternehmen.

Der DIHK sowie der Bundesverband der deutschen Industrie e.V.[93] identifizierten Industriebetriebe als vorrangig betroffen[94]. Vor allem seien Fachkräfte mit einer abgeschlossenen Berufsausbildung und nicht nur Akademiker gesucht[95]. In einer Studie des Unternehmermagazins ProFirma und des Rudolf Haufe Verlages zur Problematik des Fachkräftemangels im Mittelstand, befragten diese 324 mittelständische Unternehmen, d.h. solche mit einer Größe von 10-500 Mitarbeitern. Hierbei äußerten 70 Prozent der Befragten, dass die Schwierigkeit der Stellenbesetzung ein ernstzunehmendes Problem für sie darstelle. Vor allem die Unternehmen, bei denen sich der wirtschaftliche Aufschwung bemerkbar macht, fühlen sich in ihrem wirtschaftlichen Wachstum spürbar eingeschränkt. Weitere 70 Prozent geben an, dass sie kein passendes Personal für ihre offenen Stellen finden können. Dies läge daran, dass die Bewerber nicht die nötigen Qualifikationen für die Anforderungen am Arbeitsplatz mitbringen. 75 Prozent dieser Befragten wiederum machen die mittelständischen Strukturen ihres Unternehmens für diese Problematik verantwortlich. Feststellbar ist aber auch, dass die Unternehmen einen Mangel an Personal nur in bestimmten Bereichen spüren und nicht flächendeckend. Hierbei werden vor allem die Bereiche Ferti-

---

[90] Vgl. Flato/Reinbold-Scheible, 2008, S. 8.
[91] Vgl. Mesaros/Vanselow/Weinkopf, 2009, S. 19; Hug, 2008, S. 14.
[92] Vgl. DIHK, 2011, S. 12 f..
[93] Im Folgenden BDI genannt.
[94] Vgl. DIHK, 2007, S. 7; BDI, 2012, S. 19.
[95] Vgl. BDI, 2012, S. 19; BMAS, 2012, S. 36.

gung und Produktion, Forschung und Entwicklung sowie Marketing und Verkauf genannt.[96]

Aus dieser Problematik ergibt sich, dass Unternehmen fürchten, auf lange Sicht nicht mehr den Status des Exportführers aufrechterhalten zu können, da neue und internationale Märkte nicht mehr erschlossen werden könnten[97]. Dies könnte zum einen daran liegen, dass sich der Service sowie die Qualität der Produkte verschlechtern. Dies würde auch den international bekannten und geschätzten Standard der deutschen Produkte gefährden, so steht „Made in Germany" auch im Ausland für Qualität, Langlebigkeit und gute Produktionsbedingungen.[98] Zum anderen könnten Innovationen nicht schnell genug entwickelt und damit erst verspätet oder gar nicht auf den Markt gebracht werden[99]. Durch diese Entwicklungen rechnen 60 Prozent der befragten Unternehmen mit zukünftigen Umsatzeinbußen[100]. Die BA sieht in dieser Problematik zudem eine mittelfristige Standortgefährdung für die Unternehmen. Die Bremse des Wirtschaftswachstums könnte sich auf die gesamtwirtschaftliche Produktion in Deutschland niederschlagen, wenn Unternehmen weniger investieren und damit weniger produzieren, so dass sich die Gewinne reduzieren. Es bestünde außerdem die Gefahr, dass sich Unternehmen an den Fachkräfteengpass anpassen, indem Standorte und Kapital ins Ausland transferiert werden. Damit würde die inländische Nachfrage nach Personal sinken und die Zahl der Arbeitslosen würde konstant bleiben oder sogar steigen.[101] Daneben würden die Betriebe mit schlankeren Prozessen auf die Personalengpässe reagieren, so dass vor allem im Bereich der Geringqualifizierten Arbeitsplätze eingespart werden und diese noch weniger Chancen haben, eine Beschäftigung zu finden, als dies bereits der Fall ist[102]. Zudem können bei fehlenden Fachkräften auch mit diesen Berufen verbundene Stellen wegfallen. Fehlt der Ingenieur, so werden auch die Tätigkeiten für die ausführenden Techniker hinfällig und Aufträge können nicht bearbeitet werden.[103] Doch nicht nur die Unternehmensstrukturen sind von einem Personalengpass betroffen, sondern diese Problematik würde

---

[96] Vgl. Hug, 2008, S. 5f..
[97] Vgl. ebenda, S. 7.
[98] Vgl. Bienzeisler/Bernecker, 2008, S. 11.
[99] Vgl. ebenda, S. 6.
[100] Vgl. Hug, 2008, S. 8.
[101] Vgl. Bundesagentur für Arbeit, 2011, S. 9.
[102] Vgl. ebenda, 2012b, S. 13.
[103] Vgl. DIHK, 2011, S. 6.

sich auch auf die Arbeitssituation des bestehenden Personals auswirken. Wenn Stellen nicht besetzt werden können, würde zunächst versucht, das Arbeitsvolumen durch die Mitarbeiter aufrechtzuerhalten, um keine Aufträge ablehnen zu müssen. Dies bedeutet eine höhere Arbeitsbelastung durch Überstunden oder Mehrarbeit und führt zu der Gefahr einer körperlichen, aber auch psychischen Überlastung, da der Druck für die Mitarbeiter in solchen Situationen erfahrungsgemäß sehr hoch ist.[104]

6.2 Offizielle Handlungsempfehlungen und Lösungswege der Betriebe

Wenn die Frage nach den Schuldigen eines Fachkräfteengpasses in Unternehmen aufkommt, so nennen diese immer wieder die Politik als Verantwortlichen für die Regelung und Verbesserung des deutschen Bildungssystems, vor allem in der Ausbildung von Jugendlichen, um so ein besseres Angebot von Fachkräften zu erhalten. Andererseits werden Engpässe häufig als eigens verschuldetes Problem der Betriebe dargestellt, welche sich nur ungenügend um eine klare und langfristige Linie in der Personalpolitik sowie Weiterbildungsmöglichkeiten bemühen.[105] Offensichtlich ist, dass die Ursachen bei Personalengpässen breitgefächert sind. Vielen Studien zufolge, welche auf Unternehmensbefragungen basieren, reagieren Unternehmen bereits jetzt vorausschauend auf eine Verschärfung der bestehenden Engpässe. Hierbei verweisen zahlreiche Institutionen wie das Bundesministerium für Arbeit und Soziales oder die Bundesagentur für Arbeit auf einen Mix aus Strategien, welche Unternehmen idealerweise anwenden sollten, um Fachkräfteengpässen entgegenzusteuern.

Die BA arbeitete zehn generelle Handlungsfelder heraus, welche die Zahl der Fachkräfte in Deutschland bis 2025 erhöhen soll und sich sowohl an die Politik als auch an die Unternehmen richten. Zunächst soll die Zahl der Schulabgänger ohne Abschluss reduziert sowie der Berufseinstieg erleichtert werden. Hierbei rechnet die BA bis zum Jahre 2025 mit einem Anstieg des Erwerbspersonenpotenzials um 0,05 Mio. bis 0,3 Mio. Personen. Im zweiten Schritt soll die Zahl der Ausbildungs- und Studienabbrecher gesenkt werden. Zudem könnten Deutschland 0,5 Mio. bis 1,2 Mio. zusätzliche Fachkräfte zur Verfügung stehen, wenn die Erwerbspartizipation und Lebensarbeitszeit von Menschen über 55 erhöht würde. Da die Bevölkerung durch den

---

[104] Vgl. Bienzeisler/Bernecker, 2008, S. 11.
[105] Vgl. Kötter/Hunziger/Dasch, 2002, S. 7.

demografischen Wandel immer älter wird, soll sich auch das Renteneintrittsalter weiter erhöhen. Durch die Erhöhung auf 67 Jahre erhoffen sich BA und Bundesregierung bis zu 930.000 zusätzliche Fachkräfte. Die Erhöhung der Erwerbspartizipation geht einher mit der nötigen Bemühung der Betriebe zur Gesundheitsförderung und Prävention von Krankheiten, so dass vor allem ältere Mitarbeiter den Betrieben länger zur Verfügung stehen. Daneben sollte auch die Erwerbspartizipation von Frauen sowie deren Arbeitszeitvolumen erhöht werden.[106] Frauen sollte öfter die Möglichkeit geboten werden, beispielsweise nach einer Schwangerschaft zügiger wieder in den Beruf einzusteigen. Dazu müssen Unternehmen ihren Arbeitnehmern flexiblere Arbeitszeitmodelle zur Verfügung stellen, so dass die Vereinbarkeit von Beruf und Familie ermöglicht wird. Als nächste Handlungsoption nennt die BA die qualifizierte Zuwanderung von Fachkräften aus dem Ausland. Hierbei müsse allerdings zunächst eine „umfassende Willkommenskultur" in Deutschland etabliert werden.[107] Zusätzlich sollten Unternehmen geeignete Anreize schaffen, um Arbeitnehmern in Vollzeit eine Erhöhung ihrer Arbeitsstunden attraktiver zu machen. Ein wichtiger Punkt für Unternehmen in ihrer Prävention gegen Fachkräfteengpässe stellen die Qualifizierung und Weiterbildung der bereits bestehenden Mitarbeiter dar. Vor allem Geringqualifizierte könnten so die Chance eines besseren Arbeitsplatzes erhalten. Als vorletzte Maßnahme sollte die Arbeitsmarkttransparenz erhöht werden, so dass offene Stellen weniger lang vakant sind und die Potenziale der Arbeitnehmer besser ausgeschöpft werden können. Als letzter Punkt wird die Prüfung des Steuersystems genannt, so dass etwaige Änderungen als Anreiz zur Arbeitsaufnahme oder zu einer längeren Arbeitszeit wirken könnten.[108] Auch die Bundesregierung schlägt ein Konzept mit fünf Handlungsoptionen vor, mit denen Fachkräfte langfristig gesichert werden sollen. Diese „Sicherungspfade" decken sich weitestgehend mit den bereits genannten Lösungen der Bundesagentur für Arbeit, sind allerdings kompakter dargestellt. Hier werden Aktivierung und Beschäftigungssicherung, Vereinbarkeit von Familie und Beruf, Bildungschancen, Qualifizierung sowie Integration und qualifizierte Zuwanderung als zentrale Punkte genannt.[109]

---

[106] Vgl. Bundesagentur für Arbeit, 2011, S. 14.
[107] Vgl. ebenda, S. 15.
[108] Vgl. ebenda, S. 14.
[109] Vgl. BMAS, 2012, S. 39.

Nun stellt sich jedoch die Frage, ob und welche Maßnahmen die Unternehmen in ihrer Strategie um den Fachkräftegewinn bereits umsetzen. Generell lassen sich drei Handlungsfelder herausarbeiten, welche die Betriebe im Hinblick auf den Gewinn von Fachkräften und geeignetem Nachwuchs fokussieren: Qualifizierung, Mitarbeiterbindung und Personalrekrutierung. In einer Unternehmensbefragung im Herbst 2011 kam der DIHK zu dem Ergebnis, dass die meisten Betriebe bereits aktiv an ihrer Fachkräftegewinnung arbeiten und dazu einen Mix aus verschiedenen Maßnahmen heranziehen. Der BDI kam in einer Onlinebefragung im Frühjahr 2012 zu ähnlichen Ergebnissen. Die Unternehmen setzen zunächst vor allem auf die Qualifizierung der eigenen Mitarbeiter.[110] Die Fort- und Weiterbildung stellt einen wichtigen Baustein in der Prävention von Engpässen dar, denn so können die bestehenden Mitarbeiter Aufgaben durchführen, für die beispielsweise keine spezifische Ausbildung existiert oder eine Mischung von Qualifikationen wie z.B. technisches Wissen in Verbindung mit Personalführungskompetenzen gefordert wird.[111] Hierbei wird allerdings vor allem in KMU aufgrund der finanziellen Gegebenheiten auf Möglichkeiten zur eigenverantwortlichen und selbstständigen Weiterbildung in Form von informellem also vorwiegend unbewusstem Lernen gesetzt, anstatt den Mitarbeitern klassische externe Weiterbildungsmaßnahmen anzubieten[112]. Aber auch Formen von arbeitsbezogenem Lernen wie Job-Rotation gewinnen zunehmend an Bedeutung, da diese Form der Weiterbildung nicht nur wie in der klassischen externen Fortbildung theoretisches Wissen vermittelt, sondern einen hohen Lernerfolg durch unmittelbares Umsetzen von Aufgaben erzielt[113]. Zum Feld der Qualifizierung zählen Unternehmen vor allem auch die Erschließung der Potenziale von Frauen und älteren Arbeitnehmern, Arbeitslosen, Geringqualifizierten sowie Personen mit Migrationshintergrund[114]. Die Unternehmen sind vorwiegend daran interessiert, die Zahl der berufstätigen Frauen bzw. die Arbeitszeiten der Teilzeitkräfte zu erhöhen. In 2011 gingen ca. 70 Prozent der deutschen Frauen einer Erwerbstätigkeit nach, davon allerdings nur etwas mehr als 50 Prozent in Vollzeit. Zudem muss Teilzeitarbeit nicht automatisch „halbtags" bedeuten, was derzeit immer noch vielfach der Fall ist. Aber auch ältere

---

[110] Vgl. BDI, 2012, S. 22.
[111] Vgl. Kötter/Hunziger/Dasch, 2002, S. 25 f..
[112] Vgl. DIHK, 2011, S. 13.
[113] Vgl. Sonntag/Schaper/Friebe, 2005, S. 108.
[114] Vgl. Kötter/Hunziger/Dasch, 2002, S. 19; Mesaros/Vanselow/Weinkopf, 2009, S. 31.

Arbeitnehmer stellen eine immense Bereicherung für die Unternehmen dar, denn sie haben durch ihr langes Berufsleben einen großen Bestand an Wissen, welcher beispielsweise an den Fachkräftenachwuchs weitergegeben werden kann und so zur Qualifizierung derer beiträgt. Hierbei müssten allerdings strukturelle Maßnahmen vorgenommen werden, so z.B. im Bereich der Gesundheitsförderung. Arbeitszeiten müssten flexibler gestaltet werden und die Organisation der Arbeit muss an die älteren Mitarbeiter angepasst werden. Aber auch Angebote wie Weiterbildung und Karrieremöglichkeiten im Alter sollten ermöglicht werden.

Als weitere Maßnahme arbeiten Unternehmer an der Verbesserung ihres von außen wahrgenommenen Unternehmensbildes („Employer Branding") und damit an der Erhöhung ihrer Arbeitgeberattraktivität. Das Ziel dabei ist, eine langfristige Mitarbeiterbindung zu erreichen. Dazu gehört, neben einer ansprechenden Bezahlung auch eine verbesserte Qualität des Arbeitsplatzes. Hierbei spielen Aspekte wie flexiblere Arbeitszeiten und -orte, verbesserte Karrieremöglichkeiten, eigene Handlungsspielräume, betriebliche Gesundheitsförderung, Unternehmenskultur oder auch eine einheitliche und klare Führungskultur eine Rolle.[115] Flexible Arbeitszeiten sind immer noch vor allem für Frauen eine wichtige und hilfreiche Möglichkeit zur Vereinbarkeit von Familie und Beruf. Für die meisten Familien besteht heutzutage nicht mehr die Möglichkeit, dass ein Elternteil zur Erziehung der Kinder über Jahre hinweg keiner sozialversicherungspflichtigen Tätigkeit nachgeht. Daneben haben Frauen vielfach den Wunsch, nach der Schwangerschaft schnell wieder ins Berufsleben einzusteigen. Deshalb sind flexible Arbeitszeiten ein wichtiger Aspekt für die Unternehmen, welche wiederum der nötigen Arbeitgeberattraktivität und Mitarbeiterbindung förderlich sind. Als weitere Möglichkeit der Gegensteuerung von Fachkräfteengpässen wird die Erhöhung der Arbeitszeit von bestehenden Voll- und Teilzeitarbeitskräften angesehen. Dies ziehen laut der DIHK-Umfrage eher KMU als große Unternehmen in Betracht, da dies für sie eine kostengünstige Variante zur Bewerkstelligung des vorhandenen Arbeitsvolumens darstellt.

---

[115] Vgl. DIHK, 2011, S. 13 f.; BDI, 2012, S. 23.

Im Bereich der Personalrekrutierung gibt es zahlreiche Möglichkeiten für die Betriebe. Als nachhaltige Strategie gilt die eigene Erstausbildung des Personals[116]. In der Industrie und im Handel wurden im Jahre 2011 11.500 mehr Ausbildungsverträge geschlossen als im Vorjahr. Sogar jedes zweite Unternehmen möchte sein Engagement in der Ausbildung von jungen Menschen noch weiter ausweiten.[117] Maßnahmen wie das Nutzen von Internetportalen oder auch die Beauftragung von Personalberatungen sind neben den klassischen Varianten wie dem Schalten von Stellenanzeigen in Zeitungen oder der Beauftragung der Agentur für Arbeit zunehmend beliebter bei den Unternehmen.[118] E-Recruiting oder das Besuchen von Hochschulmessen wie z.B. dem „Absolventenkongress", eine der größten Jobmessen in Deutschland zur Rekrutierung von High-Potentials, sind bei Unternehmen mit einer modernen Personalführung nicht mehr wegzudenken. Allerdings lassen sich auch hier klare Unterschiede zwischen großen Unternehmen und KMU erkennen, denn Unternehmen des Mittelstandes sind in ihren Rekrutierungsinstrumenten aufgrund finanzieller Barrieren oftmals nicht so fortschrittlich wie ihre großen Konkurrenten. Kooperationen mit Hochschulen, Berufsakademien und Schulen sind gerade auch für regionale Unternehmen eine beliebte und wichtige Methode, um direkt mit den Studenten und Schülern in Kontakt zu treten und diese als Arbeitskräfte für sich zu gewinnen.[119] Als letzter Punkt der Lösungsstrategien zu Fachkräfteengpässen von Unternehmen ist die qualifizierte Zuwanderung zu nennen. Obwohl diese in der aktuellen Debatte um einen Fachkräftemangel heiß diskutiert wird, ist zu sagen, dass die Betriebe diese Thematik laut DIHK-Studie zwar im Hinterkopf haben, aber Stellenbesetzung durch Zuwanderung für die meisten noch keine ernstzunehmende Option darstellt.[120]

Zusammenfassend ist zu sagen, dass keine einheitlichen und abschließenden Ergebnisse existieren, ob, wie und in welchen Bereichen ein Mangel an Fachkräften festzustellen ist. Kommen Institute wie das IAB zu dem Schluss, dass lediglich Engpässe in bestimmten Bereichen bestehen und kein spürbarer Mangel festzustellen ist, so klagen Unternehmen in Befragungen häufig bereits über gravierende Auswirkungen.

---

[116] Vgl. Kötter/Hunziger/Dasch, 2002, S. 19.
[117] Vgl. DIHK, 2011, S. 11.
[118] Vgl. Bienzeisler/Bernecker, 2008, S. 17.
[119] URL: http://www.handelsblatt.com/unternehmen/mittelstand/fachkraeftemangel-unis-werben-fuer-die-wirtschaft/3574056.html [Stand: 18.08.2012].
[120] Vgl. DIHK, 2011, S. 16 f..

Allerdings gibt es auch hier voneinander abweichende Ergebnisse. Dies mag einerseits an den verschiedenen Interessenslagen liegen, andererseits aber auch an unterschiedlichen Datengrundlagen, Methoden und Fragestellungen der Verfasser der Studien. Die hier dargestellten Probleme der Unternehmen, vor allem in KMU, stellen lediglich die Auswirkungen eines Fachkräftemangels auf Basis von Unternehmensbefragungen dar und sind damit aufgrund verschiedenster Interessenslagen differenziert zu betrachten. Diese Problematik wird im folgenden Kapitel noch näher erläutert.

7. Fachkräftemangel als Mythos

7.1 Beschönigung der Statistiken und Umstände

Im bisherigen Verlauf dieser Arbeit wurde vor allem die Sichtweise von Unternehmensverbänden und Bundesinstitutionen verdeutlicht. Eindeutig ist, dass diese eine Fachkräftemangelbejahende Position einnehmen und somit der deutschen Bevölkerung das Bild von einem Bewerbermarkt mit rosigen Berufsaussichten vermitteln. Gleichzeitig würde dadurch jedoch das Wirtschaftswachstum im großen konjunkturellen Aufschwung nach der Krise ausgebremst. Mit nachhaltigen Folgen für die Unternehmen und damit auch für die gesamte deutsche Wirtschaft. Doch es stellen sich die Fragen: Stimmt dies überhaupt? Sind personelle Engpässe nicht auch auf andere Indikatoren zurückzuführen? Wenn ja, wie gehen Unternehmensverbände und Politik vor, um ein glaubhaftes Bild eines Fachkräftemangels zu vermitteln? Und was sind die Gründe dafür? Zur Einschätzung der folgenden Argumentationen gegen einen bestehenden Fachkräftemangel ist hinzuzufügen, dass die kritischen Stimmen, genau wie die Sichtweisen der Befürworter, immer differenziert zu betrachten sind. Die möglichen Intentionen der folgenden Autoren und Verfasser sollten daher in die eigenen Schlussfolgerungen mit einbezogen werden.

Sucht man nach kritischen Stimmen, erkennt man schnell, dass die Befürworter eines Fachkräftemangels deutlich in der Überzahl sind. Karl Brenke vom Deutschen Institut für Wirtschaftsforschung[121] stellte im November 2010 das erste Mal eine kritische

---

[121] Im Folgenden DIW genannt.

Studie zum Thema vor und regte damit die Debatte an, ob der Fachkräftemangel tatsächlich nur ein Spukgespenst sei. Das DIW ließ Ende 2010 verlauten, dass es bisher keinerlei Anzeichen für einen flächendeckenden Fachkräftemangel gibt. Weder ließen die Entwicklungen auf dem Arbeitsmarkt darauf schließen, noch würde sich ein Mangel aufgrund von fehlendem, akademischem Nachwuchs in bestimmten Branchen abzeichnen.[122] Doch wie kommt das DIW zu dieser Auffassung, wenn die Gründe für einen Fachkräftemangel so plausibel klingen? Wendet man sich den Klagen der Unternehmen und entsprechenden Verbände zu, so fällt auf, dass sich vor allem Industrie- und Produktionsunternehmen bereits während der Wirtschaftskrise über einen Mangel an Fachpersonal beschwert haben, welcher sich aufgrund des konjunkturellen Aufschwungs nun noch ausweiten würde. Zu diesem Zeitpunkt waren jedoch vor allem diese vom Abschwung betroffen, so dass bis zum Sommer 2010 nicht einmal die Zahl an Fachkräften in einem sozialversicherungspflichtigen Verhältnis stand wie vor der Krise.[123] Diese Betrachtung der Lage am Arbeitsmarkt stellt ein generelles Problem dar. Um das Bild einer hohen Nachfrage nach Fachkräften und damit einhergehend eine erfolgreiche Finanz- und Wirtschaftspolitik zu vermitteln, werden vor allem die Entwicklungen des Arbeitsmarktes nach der Krise betrachtet. So wird insbesondere auf das wirtschaftliche Wachstum nach 2009 verwiesen, dass den Bedarf nach Fachkräften noch weiter verschärfen würde[124]. Betrachtet man in diesem Zusammenhang allerdings die Arbeitslosenzahlen vor der Krise, so ist im März 2010 vorzugsweise in den vom Fachkräftemangel als besonders betroffen dargestellten naturwissenschaftlich-technischen Berufen eine höhere Arbeitslosigkeit zu verzeichnen als vor 2008 und dies trotz sinkender Arbeitslosenzahlen[125]. Das gleiche Bild zeigt sich bei den der BA gemeldeten offenen Stellen. Auch hier waren es in 2010 noch weitaus weniger als vor der Wirtschaftskrise.[126] Im Vergleich gab es in diesem Jahr insgesamt also immer noch mehr arbeitslose Fachkräfte als gemeldete offene Stellen. Lediglich im Bereich der Ärzte und Krankenschwestern, aber auch bei Elektrogerätebauern und Elektromonteuren sowie bei Ingenieuren und Technikern der Baubranche fiel die Arbeitslosigkeit etwas geringer aus als vor der Krise.

---

[122] Vgl. Brenke, 2010, S. 2.
[123] Vgl. ebenda.
[124] Vgl. Bundesagentur für Arbeit, 2011, S. 6.; BMAS, 2011, S. 10.
[125] Vgl. Brenke, 2010, S. 3.
[126] Vgl. ebenda, S. 5.

Neben diesen Berufen ist aus Sicht des DIW allerdings kein nennenswerter Fachkräfteengpass abzusehen.[127] Betrachtet man nicht nur die Zahlen, sondern hinterfragt man die Gründe, wie es zu einer hohen Nachfrage nach Arbeitskräften in bestimmten Segmenten gekommen ist, so erkennt man, dass vor allem auch Subventionen oder Konjunkturprogramme des Bundes eine Rolle spielen. Diese verhelfen den Unternehmen zu einem anziehenden Geschäft und dies schlägt sich unmittelbar auf deren Fachkräftenachfrage nieder. So wurde beispielsweise die Baubranche im Jahre 2009 durch die milliardenschweren Konjunkturprogramme I und II zur Stabilisierung der Wirtschaft infolge der Finanz- und Wirtschaftskrise unterstützt. Subventionen in der Solarbranche erhöhten die Nachfrage nach Elektromonteuren.[128] Schaut man sich die Branchen an, die tatsächlich händeringend nach Fachpersonal suchen, so lohnt es sich auch die Arbeitsbedingungen in diesen Branchen zu betrachten. Denn es stellt sich die Frage, inwieweit die Unternehmen selbst verantwortlich für solche Engpässe sind. Vor allem die Pflegebranche ist gezeichnet von unmoralischer Bezahlung und schlechten Arbeitsbedingungen. Stundenlöhne zwischen 5,50€ und 6,50€ sind hier keine Seltenheit und die Arbeitgeber finden immer wieder Wege, um den gesetzlichen Mindestlohn von 7,50€ in Ostdeutschland und 8,50€ in Westdeutschland zu unterlaufen, indem der Mindestlohn auf dem Papier ausgewiesen wird, die eigentliche Bezahlung durch Rechentricks jedoch darunter liegt. Vor allem in Regionen, in denen Arbeitsplätze rar sind, wird die Notsituation der Arbeitnehmer ausgenutzt, welche sodann gezwungen sind die niedrigen Löhne zu akzeptieren.[129] Die Unternehmen sollten sich also nicht wundern, wenn keine geeigneten Arbeitskräfte zur Verfügung stehen. Daraus ist abzuleiten, dass Fachkräfteengpässe vor allem auch ein Problem im Niedriglohnsegment und keinesfalls nur bei Ärzten oder Ingenieuren sind, was vor allem auf die schlechten und perspektivlosen Arbeitsbedingungen zurückzuführen sein dürfte.

Die Vorgehensweise von Institutionen wie der BA, dem IW, aber auch der Unternehmerverbände zur rechnerischen Ermittlung eines Fachkräftemangels erscheint bei näherer Betrachtung nicht fundiert. Da wirtschaftliche Vorgänge und deren Auswir-

---

[127] Vgl. ebenda.
[128] Vgl. ebenda.
[129] URL: http://www.sueddeutsche.de/geld/pflegekraefte-bezahlung-nicht-einmal-das-mindeste-1.1033820 [Stand: 18.08.2012].

kungen auf den Arbeitsmarkt so komplex sind, existiert bisher auch keine einheitliche Methode, um daraus resultierende Fachkräftelücken exat zu quantifizieren[130]. Werden also genaue Angaben über Wertschöpfungsverluste aufgrund von Fachkräfteengpässen oder auch genaue Zahlen über fehlende Fachkräfte veröffentlicht, so ist dies mit einer gewissen Skepsis zu betrachten. Denn die größte Problematik besteht darin, dass zugrundeliegende Zahlen, Daten oder auch Ergebnisse von Unternehmensbefragungen nur punktuell Aufschluss darüber geben können, ob und wo tatsächlich Fachkräfteengpässe auf dem Arbeitsmarkt existieren oder wie sich die Arbeitsmarktsituation zukünftig entwickeln wird. Daneben werden häufig eklatante Hochrechnungen getätigt, ohne Faktoren einzuberechnen, welche gegen Engpässe sprechen würden und die Fachkräftesituation somit im Ergebnis dramatisiert wird. Die Bundesagentur für Arbeit und das IAB prognostizieren beispielsweise die Verringerung des Arbeitskräftepotentials um 6,5 Mio. Menschen bis 2025 aufgrund des demografischen Wandels. Es wird nicht darauf hingewiesen, dass diese Situation lediglich die Fortschreibung von Trends und damit ein mögliches Szenario darstellt, welches sich nicht zwangsweise realisieren muss:

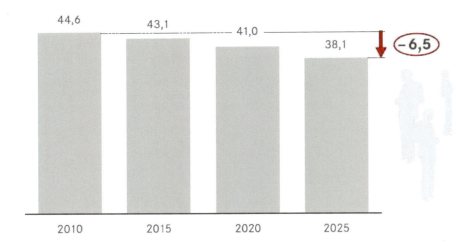

***Abbildung 1**: Abnahme des Arbeitskräftepotenzials bis 2025.*[131]

---

[130] Vgl. Brenke, 2010, S. 2f..
[131] Vgl. Bundesagentur für Arbeit, 2011, S. 7.

Generelle Schlüsse aus solchen Datengrundlagen und Hochrechnungen zu ziehen, kann angesichts verschiedenster Einflüsse auf Angebot und Nachfrage keine belastbare Vorgehensweise sein und vermittelt der Bevölkerung ein unrealistisches Bild der aktuellen und zukünftigen Beschäftigungssituation.

Neben dieser Problematik werden politische, gesellschaftliche, oder auch Umweltfaktoren, welche sich unmittelbar auf die Entwicklungen am Arbeitsmarkt auswirken und so das Angebot und die Nachfrage nach Arbeitskräften beeinflussen können, zumeist nicht in die gängigen Hochrechnungen wie die des IW oder der BA mit einbezogen[132]. Besteht im einen Jahr ein deutlicher Angebotsüberhang an Fachkräften, so kann sich bereits im nächsten Jahr die Nachfrage aufgrund von Subventionen bestimmter Branchen oder auch der Entwicklung von Megatrends, wie dies bereits in den 1990er Jahren bei der Informationstechnologie der Fall war, deutlich erhöhen. Insgesamt besteht also in Bezug auf die zugrundeliegenden Daten dieser Institutionen eine Interpretationsfreiheit, welche aufgrund subjektiver Interessen in gewisse Richtungen gelenkt werden kann und die Arbeitsmarktsituation im Ergebnis einseitig dargestellt wird. Für diese Problematiken sollen im Folgenden zwei Beispiele gegeben werden: In seinem Methodenbericht zum Fachkräftebedarf und -angebot im Ingenieursbereich ermittelte das IW den aktuellen Bedarf, das Angebot sowie derzeitige Engpässe bei Ingenieuren. Zunächst ist darauf hinzuweisen, dass dieser Bericht in Kooperation mit dem Verein Deutscher Ingenieure[133] entstanden und aufgrund dessen davon auszugehen ist, dass dieser in seinem Ergebnis nicht unerheblich durch die Interessen des Vereins beeinflusst ist. In ihrem Vergleich zwischen den als arbeitslos gemeldeten Ingenieuren und den offenen Stellen geht die BA lediglich von einer Meldequote von ca. 14 Prozent aus, da die meisten Unternehmen diese aufgrund spezifischer Qualifikationsanforderungen von Ingenieurspositionen nicht als geeignetes Mittel zur Rekrutierung ansehen würden.[134] Daraus errechnet das IW einen Wert von 7,14, mit dem die gemeldeten offenen Stellen hochgerechnet werden, so dass im Ergebnis eine sehr hohe Zahl an vermeintlich nicht besetzten Stellen für Ingenieure herauskommt[135]. Doch ist dieser Wert überhaupt plausibel? Bei näherer Betrachtung

---

[132] Vgl. Berger, 2011, S. 80.
[133] Im Folgenden VDI genannt.
[134] Vgl. Koppel/Erdmann, 2009, S. 2f..
[135] Vgl. Brenke, 2010, S. 4.

existieren einige Faktoren, die nicht mit in die Berechnung des IW eingeflossen sind. So wurde bei dieser Methode nicht berücksichtigt, bei welchen Stellen es sich lediglich um einen Ersatz- oder um einen tatsächlichen Zusatzbedarf handelt. Denn nur solche Stellenausschreibungen, die auch einen zusätzlichen Arbeitsplatz enthalten, können als vermehrter Bedarf an Ingenieuren gewertet werden. Wenn jedoch ein Ingenieur das Unternehmen wechseln möchte und dieses seine freiwerdende Stelle der BA meldet, so bewirbt sich der Ingenieur auf eine andere freie Stelle und es findet lediglich ein Ersatz statt. Allerdings ist dabei kein zusätzlicher Arbeitsplatz entstanden. Wenn also eine Hochrechnung von offenen Stellen vorgenommen wird, so müsste dies auf der anderen Seite auch beim Arbeitskräfteangebot geschehen. Gründe wie Krankheit, Kindererziehung oder auch die Jobsuche von Absolventen führen zu einer niedrigeren Arbeitslosenzahl. Zudem arbeitet nicht jede ausgebildete Fachkraft auch in ihrem erlernten Beruf, was auch an mangelnden Einsatzmöglichkeiten liegen kann und damit gegen einen Engpass an Fachkräften in diesem Bereich sprechen könnte.[136] Hoffnungslosigkeit, Scham oder auch Unwissenheit vor allem bei Migranten treiben die Dunkelziffer der Arbeitslosen noch um ein Weiteres in die Höhe. Festzuhalten ist, wenn offene Stellen mit einem Faktor multipliziert werden, so müsste dies auch bei den Arbeitslosenzahlen passieren. Somit sind die Ergebnisse der Berechnungen des IW wissenschaftlich zweifelhaft[137]. Es werden demnach vielfach Berechnungen getätigt, welche zu einem viel zu hohen Ergebnis führen und die aktuelle Situation am Arbeitsmarkt erheblich dramatisieren.

Ein weiteres Beispiel für die Beschönigung von Statistiken und Umständen liefert die BA. Betrachtet man die Vorgehensweise zur Berechnung der Arbeitslosenzahlen, so fällt auf, dass diese Arbeitslose in Weiterbildungen der Agentur, welche womöglich trotzdem noch lange keinen Arbeitsplatz in Aussicht haben, aus ihren Statistiken heraus rechnet. Auch Arbeitslose über 58 Jahre, welche sich bereits länger auf Jobsuche befinden, werden bewusst aus den Statistiken herausgehalten, so dass die Arbeitslosenzahlen niedriger ausfallen.[138] Die Gründe dafür könnten Folgende sein: Gibt es wenig arbeitslose Personen in Deutschland, so wäre dies ein Beweis für eine

---

[136] Vgl. ebenda.
[137] Vgl. ebenda.
[138] URL: http://www.die-linke.de/politik/themen/arbeitsmarktundmindestlohn/ tatsaechlichearbeitslosigkeit/ [Stand: 22.08.2012].

erfolgreiche Wirtschafts- und Finanzpolitik im Zeichen der Agenda 2010 und anderer Reformen. Albrecht Müller, Volkswirt und Herausgeber der NachDenkSeiten, einer kritischen Website zu politischen und gesellschaftlichen Themen, beschreibt diese Situation in einem Artikel im August letzten Jahres folgendermaßen: „Seit Monaten, ja seit Jahren, wird in Deutschland immer wieder eine Kampagne zum angeblichen Fachkräftemangel aufgelegt. Diese Kampagne soll indirekt transportieren, dass es uns wirtschaftlich ausgezeichnet geht. Sie war und ist sehr erfolgreich. (…) Die Behauptung vom Fachkräftemangel, soll die andere Behauptung von der erfolgreichen Wirtschaftspolitik stützen."[139] Das Phänomen, dass viele Bürger trotz ständig steigender realer Preise alltäglicher Konsumgüter, der Schließung vieler öffentlicher und kultureller Einrichtungen, der Zunahme prekärer Arbeitsverhältnisse, der immer schneller währenden Umverteilung der Vermögen von „Unten nach Oben" oder der ausufernden Staatsverschuldung trotz massiver Sparpolitik weiterhin fest an das politische Vorgehen der letzten Jahre glauben, beweisen aktuelle Umfragen immer wieder.[140]

7.2 Deflation von Arbeitskraft

Betrachtet man die Lohnentwicklungen der Berufe, die vom Fachkräftemangel als betroffen angesehen werden, so sprechen auch diese gegen einen Mangel. Neben Karl Brenke vom DIW, wies Ende 2011 auch Prof. Dr. Joachim Möller, Direktor des IAB, auf diese Tatsache hin. Wenn Unternehmen Schwierigkeiten hätten geeignete Arbeitskräfte zu finden, so würde sich das Lohnniveau dieser erhöhten Nachfrage anpassen und steigen. Betrachtet man allerdings die Entwicklungen der Reallöhne der Fachkräfte, so lässt sich feststellen, dass diese sich seit 2009 im Vergleich zu den Löhnen anderer Arbeitnehmer nur marginal gesteigert haben, auch bei Ingenieuren. In manchen Bereichen, wie z.B. bei den Investitionsgüterherstellern, sind diese sogar gesunken.[141]

---

[139] URL: http://www.nachdenkseiten.de/?p=10481 [Stand: 18.08.2012].
[140] URL: http://www.spiegel.de/politik/deutschland/ard-deutschlandtrend-merkel-laut-umfrage-beliebteste-politikerin-a-847798.html [Stand: 18.08.2012].
[141] Vgl. Brenke, 2011, S. 3; URL: http://www.spiegel.de/karriere/berufsleben/mythen-der-arbeit-der-fachkraeftemangel-kostet-jaehrlich-30-milliarden-euro-stimmt-s-a-797788.html [Stand: 18.08.2012].

Hinterfragt man die aktuelle Debatte des Fachkräftemangels, so sollte auch auf den durch diese Diskussion ausgelösten Ansturm auf bestimmte Studiengänge eingegangen werden. Vor allem im Maschinenbau und in der Fertigungstechnik, aber auch in den Naturwissenschaften und der Humanmedizin sind die Studentenzahlen seit 2007 um ein Vielfaches gestiegen, während die Zahl der insgesamt Studierenden keine solch hohe Steigerung erkennen lässt. Vergangenes Jahr immatrikulierten sich rund 115.800 Studenten im Bereich der Ingenieurwissenschaften. 24 Prozent mehr als noch im Vorjahr.[142] Bereits im Jahr 2009 absolvierten dagegen 52.456 Studierende ein Studium der Ingenieurwissenschaften[143]. Für Juni 2012 errechneten der VDI und das IW im Ingenieurssegment eine Arbeitskräftelücke in Höhe von 88.600. Es würde vor allem an den Maschinen- und Fahrzeugbauingenieuren mangeln, hier gäbe es einen Bedarf von mindestens 36.600 Personen.[144] Dagegen prognostizierte das DIW einen jährlichen Bedarf von höchstens 30.000 Ingenieuren. Diese Lücke würde allein schon durch die Hochschulabsolventen gedeckt werden. Das DIW ist der Ansicht, dass Ingenieure damit weit über Bedarf ausgebildet werden. Dieser Studentenboom lässt sich sicherlich zurückführen auf die umfassende Berichterstattung und Dramatisierung des Fachkräftemangels[145]. Aus unternehmerischer Sicht ist diese Situation jedoch keineswegs widersprüchlich: Durch den „Run" auf diese Studiengänge und dem damit einhergehenden Überangebot an Arbeitskräften sinken die Löhne und die Gewinne der Betriebe fallen größer aus. Dabei verhält es sich ähnlich wie bei anderen Waren, bei denen ein Produktionsüberschuss besteht. Um sich als Arbeitskraft (Ware) attraktiver für die Wirtschaft zu machen, müssen Arbeitnehmer durch den hohen Konkurrenzdruck gezwungenermaßen bei ihrem Lohn (Preis) Abstriche machen[146]. Da Arbeitgeber bei Lohnverhandlungen üblicherweise im Vorteil sind, Arbeitnehmer jedoch auf den Lohn für ihre Familien angewiesen sind, geht dieses Tauziehen fast immer zugunsten der Arbeitgeber aus. So haben Unternehmen eine große Auswahl an qualifizierten Arbeitskräften, können sich die vermeintlich Besten herauspicken und haben so keinen Druck, schlechte Arbeitsbedingungen zu verbes-

---

[142] URL: https://www.destatis.de/DE/ZahlenFakten/GesellschaftStaat/BildungForschungKultur/Hochschulen/Hochschulen.html [Stand: 18.08.2012].
[143] Vgl. Brenke, 2011, S. 11.
[144] Vgl. VDI, 2012a, S. 3.
[145] Vgl. ebenda.
[146] Vgl. Bosch et. al., 2003, S. 10.

sern[147]. Dass in den meisten Bereichen ein Überangebot besteht, bestätigt auch eine Umfrage der Kreditanstalt für Wiederaufbau[148] im Oktober 2011. Demzufolge sieht sich nur eines von 100 befragten Unternehmen mit der Schwierigkeit konfrontiert, geeignetes Fachpersonal zu finden.[149]

Auch gängige Medien wie der Focus oder die Frankfurter Allgemeine Zeitung (FAZ) beziehen sich in ihren Berichten wiederkehrend auf die Zahlen des VDI und IW und nehmen so indirekt Einfluss auf die Studienwahl der Abiturienten und anderer Studierwilliger.[150] Die Folgen eines solchen Zustroms an die Universitäten lassen sich anhand der 1928 erhobenen Studie über die „Prognose der Schweinepreise" des Agrarwissenschaftlers Arthur Hanau veranschaulichen. Waren die Marktpreise für Schweinefleisch hoch, so fingen die Bauern an, verstärkt Schweine zu züchten. Sobald diese nach einiger Zeit schlachtreif waren, stellte sich jedoch ein Überangebot und damit eine Marktsättigung ein, welche die Preise wieder sinken ließ. Die Investition wirkte sich folglich erst mit einer gewissen Zeitverzögerung auf das Angebot aus. Die darauffolgende Reduzierung der Produktion kam ebenfalls erst mit Verzögerung am Markt an, so dass sich die Nachfrage wieder erhöhte und die Preise erneut stiegen.[151] Fehlen den Unternehmen also Fachkräfte, so werden diese verstärkt in den betroffenen Bereichen ausgebildet. Schwemmen diese auf den Arbeitsmarkt, stellt sich nach einiger Zeit eine Sättigung ein und die daraufhin schlechteren beruflichen Perspektiven schrecken wiederum angehende Studierende ab. Dies lässt die Nachfrage nach diesen Fachkräften nach einiger Zeit aufgrund sinkender Absolventenzahlen wieder steigen. Ein Beispiel dafür ist der IT-Fachkräftemangel der 90er Jahre. Der verstärkten Nachfrage nach Fachleuten aufgrund der revolutionären Entwicklung der IT folgte eine verstärkte Ausbildung. Als Scharen dieser Fachkräfte nach der entsprechenden Ausbildungszeit auf den Markt schwemmten, sank die Nachfrage wieder, da viele, jedoch nicht so eine hohe Zahl an Arbeitskräften benötigt wurde. Die

---

[147] Vgl. ebenda.
[148] Im Folgenden KfW genannt.
[149] URL: http://www.kfw.de/kfw/de/KfW-Konzern/Medien/Aktuelles/Pressearchiv/2011/20110505_49793.jsp [Stand: 18.08.2012].
[150] URL: http://www.focus.de/finanzen/news/mehr-als-100000-stellen-frei-rekord-ingenieursmangel-kostet-wirtschaft-milliarden_aid_724217.html [Stand: 18.08.2012];
URL: http://www.faz.net/aktuell/wirtschaft/wirtschaftspolitik/fachkraeftemangel-wo-sind-all-die-ingenieure-hin-1622486.html [Stand: 18.08.2012].
[151] Vgl. Hanau, 1928, S. 33 f..

Absolventenzahlen stagnierten. Nach einiger Zeit klagten die Unternehmen erneut über einen Personalmangel, welcher im Zuge der geplatzten Spekulationsblase 2000 jedoch wieder abebbte. Die folgende Graphik verdeutlicht diese Marktvorgänge noch einmal:

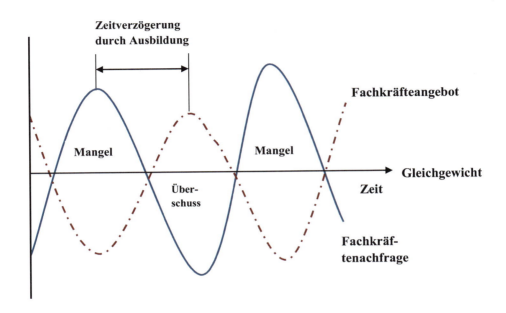

Abbildung 2: *Darstellung des Schweinezyklus anhand des Beispiels von Fachkräfteangebot und –nachfrage.[152]*

Eine konstant hohe Nachfrage nach ingenieurswissenschaftlichen Studiengängen würde sich folglich nur dann einstellen, wenn Deutschland eine Phase der Hochkonjunktur durchleben würde.[153] Dies ist allerdings unter anderem aufgrund der finanziellen Entwicklungen in Europa derzeit nicht absehbar.

Auch bei der Berechnung der Arbeitslosenzahlen lassen sich Ungereimtheiten erkennen. Die Arbeitslosenzahl im Juli 2012 betrug 2.876.000[154]. Die Bundesregierung warb 2011 mit dem Satz: „Danke Deutschland, so viele Menschen in Arbeit wie nie zuvor." Die Erwerbstätigkeit sei so groß wie seit der deutschen Einigung nicht

---

[152] Eigene Darstellung, in Anlehnung an Hanau, 1928, S. 20.
[153] Vgl. Brenke, 2011, S. 9.
[154] URL: http://statistik.arbeitsagentur.de/Navigation/Statistik/Statistik-nach-Themen/Arbeitsmarkt-im-Ueberblick/Arbeitsmarkt-im-Ueberblick-Nav.html [Stand: 18.08.2012].

mehr.[155] Doch dabei stellt sich die Frage: In welcher Art von Arbeitsverhältnis befinden sich diese Menschen? Betrachtet man die Arbeitslosenstatistik genauer, so fällt auf, dass zunächst bestimmte Personengruppen nicht mit in die Arbeitslosenstatistik einberechnet werden. So müssten neben Arbeitssuchenden in Weiterbildungen oder solchen über 58 Jahre auch berufstätige Personen zur Arbeitslosenstatistik gezählt werden, die auf der Suche nach *mehr* Arbeit sind. Viele Teilzeitbeschäftigte oder Angestellte anderer prekärer Beschäftigungsverhältnisse sehnen sich nach einer Vollzeitstelle oder zumindest nach einer sozialversicherungspflichtigen Anstellung mit einer erhöhten Zahl an Wochenarbeitsstunden.[156] Addiert man alle diese Personen, müsste die Arbeitslosenstatistik somit um einiges höher liegen. In 2010 gingen ca. 7,8 Mio. Menschen einer atypischen Beschäftigung nach, d.h. Leiharbeit, einem Minijob, einer Teilzeitbeschäftigung oder einem befristeten Arbeitsverhältnis[157]. Mehr als die Hälfte dieser Zahl sind Leiharbeitnehmer. Der Wirtschaftsaufschwung nach der Krise hat sich somit primär in prekären Arbeitsverhältnissen niedergeschlagen.[158] Die Zahl der sozialversicherten Vollzeitbeschäftigten liegt immer noch hinter der in den 90er Jahren und in 2003 zurück[159]. Damit einher geht auch der rasante Zuwachs des Niedriglohnsektors, welcher seit dem Jahr 1998 2,4 Mio. Personen mehr beschäftigt[160]. Gerade diese mussten innerhalb der letzten zehn Jahre bis zu 22 Prozent weniger Lohn hinnehmen. Das Statistische Bundesamt errechnete bereits im Jahr 2008, dass mehr als 1 Mio. Menschen in prekären Arbeitsverhältnissen an der Armutsgrenze leben[161]. Aufgrund dieser Umstände mussten die Steuerzahler im Jahre 2009 11 Mrd. Euro aufwenden, um Geringverdienende zu unterstützen, da ihr Einkommen nicht zum Überleben reichte.[162] Die folgende Grafik aus dem Arbeitsmarktbericht des Deutschen Gewerkschaftsbund (DGB) stellt die Entwicklung der Beschäftigungsverhältnisse seit der Wiedervereinigung dar. Während die Zahl nor-

---

[155] Vgl. Buntenbach, 2012, S. 1.
[156] Vgl. Lieb, 2011a, S. 98
[157] Vgl. Buntenbach, 2012, S. 7 ; URL: http://www.dgb.de/presse/++co++ca2f5eda-daf2-11e1-6828-00188b4dc422/@@index.html?k:list=Arbeit&k:list=Prek%E4re%20Besch%E4ftigung [Stand: 18.08.2012].
[158] Vgl. Lieb, 2011b, S. 106
[159] Vgl. Buntenbach, 2012, S. 5.
[160] Vgl. ebenda, S. 9.
[161] Vgl. ebenda.
[162] Vgl. Lieb, 2011b, S. 107 f..

maler Arbeitsverhältnisse um über 12 Prozent auf nunmehr 66 Prozent gesunken ist, hat sich die Zahl atypischer Arbeitsverhältnisse fast verdoppelt:

	1991		2000		2010	
	absolut in Mio.	in v. H	absolut in Mio.	in v. H	absolut in Mio.	in v. H
insgesamt	34,377	100	33,311	100	34,973	100
Selbständige	2,859	8,3	3,418	10,3	3,917	11,2
davon Soloselbständige	1,284	3,7	1,697	5,1	2,169	6,2
abhängig Beschäftigte	31,083	90,4	29,643	89,0	30,904	88,4
davon Normalarbeits-verhältnisse	26,832	78,1	23,766	71,3	23,069	66,0
atypisch Beschäftigte[1]	4,251	12,4	5,878	17,6	7,835	22,4
[1] 1991 und 2000 ohne Leiharbeit						

Tabelle 1: *Erwerbstätige nach Erwerbsformen für 1991, 2000 und 2010.*[163]

Diese Statistik lässt sich mit einem Arbeits- oder Fachkräftemangel kaum vereinbaren. Hinter diesen Zahlen offenbart sich neben dem Abschluss von prekären Arbeitsverhältnissen oftmals auch das Abschieben von Arbeitskräften von normalen in atypische Beschäftigungsverhältnisse. Entweder nach dem Prinzip „Schlecker" durch Gründung eigener Zeitarbeitsfirmen und der neuen Anstellung der eigenen Mitarbeiter zu schlechteren Konditionen[164], oder optional über Drittfirmen der Zeitarbeit. Doch nicht nur im Handel, sondern mittlerweile auch in der Pflege, der Abfallwirtschaft oder anderen Branchen kommt diese Systematik zur Anwendung[165]. Dieses System erfüllt den gleichen Zweck wie die wiederkehrende Forderung von Politik und Unternehmen nach einer Erhöhung der Wochenarbeitszeit auf 42 Stunden[166], da

---

[163] Vgl. Buntenbach, 2012, S. 7.
[164] URL: http://www.wiwo.de/unternehmen/zeitarbeit-wie-unternehmen-ihre-beschaeftigten-in-leiharbeiter-verwandeln/5145084.html [Stand: 20.08.2012].
[165] URL: http://www.stern.de/wirtschaft/news/unternehmen/lohndumping-mit-zeitarbeit-das-prinzip-schlecker-1535885.html [Stand: 18.08.2012].
[166] URL: http://www.handelsblatt.com/politik/deutschland/kritik-an-den-gewerkschaften-union-fuer-generelle-erhoehung-der-arbeitszeit-ohne-lohnausgleich/2319978.html [Stand: 20.08.2012].

sie bei der momentan florierenden Wirtschaft kein geeignetes zusätzliches Fachpersonal finden würden. So können Rationalisierungen und Lohneinsparungen realisiert werden, um die Gewinne zu erhöhen. Diese Art von Lohndruck rechtfertigen Arbeitgeber regelmäßig mit notwendigen Maßnahmen im Kampf gegen die Auswirkungen der Wirtschaftskrise[167]. Diese Maßnahmen stehen jedoch im Widerspruch zu der Aussage, dass ein Mangel an Fachkräften bereits während der Wirtschaftskrise bestand und dieser sich nun durch den Aufschwung verschärft. Wäre dies der Fall, so müssten die Unternehmen größere Anstrengungen tätigen, um Fachkräfte zu locken oder die eigenen Mitarbeiter an sich zu binden und könnten sich eine Abschiebung in prekäre Arbeitsverhältnisse nicht leisten. **Bei solchen Arbeitsbedingungen über einen Mangel an Arbeitskräften zu klagen und dabei womöglich Fachkräfte aus dem Ausland zu fordern, anstatt gesicherte Arbeitsbedingungen und faire Löhne zu bieten, kann nur auf Lohneinsparungsmaßnahmen zurückzuführen sein.**

Neben dieser Problematik wäre denkbar, dass sich hinter der Masse Arbeitsloser ein riesiger Wirtschaftszweig befindet. Durch das Propagieren eines Fachkräftemangels werden das Überangebot von Fachkräften und die Zuwanderung von ausländischen Arbeitskräften provoziert, was zu einer erhöhten Zahl an Arbeitslosen führt. Obwohl es deren Anliegen sein sollte, wären bei tatsächlicher Vollbeschäftigung die Büros der BA oder die Auftragsbücher von privaten Arbeitsvermittlern leer. Dabei wird die BA als Dienstleister des Staates und Vermittler seiner Arbeitslosen von selbigem unter finanziellen und ökonomischen Erfolgsdruck gesetzt. Für die Agentur lohnt es sich beispielsweise mehr, sich auf vorübergehend Arbeitslose zu konzentrieren und Langzeitarbeitslose zunächst außen vor zu lassen. Dies begründet sich aus der „Geldstrafe", welche die BA an den Fiskus für jeden Arbeitslosen entrichten muss, der vom normalen Arbeitslosengeld ins vom Staat steuerfinanzierte Arbeitslosengeld II (Hartz IV) rutscht.[168] Aber auch der politischen Linie könnte der Fachkräftemangel und die damit einhergehenden niedrigeren Löhne die argumentatorischen Voraussetzungen bieten, um die Arbeiterklasse fast unbemerkt zu schwächen und darauf auf-

---

[167] URL: http://www.stern.de/wirtschaft/news/unternehmen/lohndumping-mit-zeitarbeit-das-prinzip-schlecker-1535885.html [Stand: 18.08.2012].
[168] URL: http://www.nachdenkseiten.de/?p=12310 [Stand: 20.08.2012].

bauend unbeliebte Reformen und Sparprogramme, wie z.B. die Agenda 2010, durchzusetzen.

7.3 Der Einfluss der Lobbyisten auf die Debatte des Fachkräftemangels

Der Zustand eines Überangebotes an Fach- und Arbeitskräften führt zu paradiesischen Umständen für die Unternehmen. Helfen diese, den Fachkräftemangel zu propagieren, so locken sie Studenten in die ohnehin schon überfüllten Hörsäle, um durch das dadurch entstehende Überangebot an Absolventen eine große Auswahl an flexiblen, motivierten und vor allem billigen Arbeitskräften zu haben. Die Unternehmen müssen so keine Abstriche bei den Anforderungen an ihre Bewerber machen und können ihr Interesse an Hochqualifizierten gepaart mit niedrigen Lohnforderungen durchsetzen. Dies lockt vor allem wirtschaftliche Interessengruppen auf den Plan, die durch Lobbyarbeit versuchen, Politik und Massenmedien zu ihren Gunsten zu beeinflussen. Lobbyismus bedeutet „die Beeinflussung der Regierung durch bestimmte Methoden mit dem Ziel, die Anliegen von Interessengruppen möglichst umfassend bei politischen Entscheidungen durchzusetzen. Lobbying wird von Personen betrieben, die selbst am Entscheidungsprozess nicht beteiligt sind"[169]. In Berlin existieren ca. 1.760 im Bundestag registrierte Lobbygruppen, rund 1.800 offiziell registrierte Organisationen und knapp 4.500 Interessenvertreter, die allesamt auf die politischen Entscheidungen einwirken[170]. Es eröffnen immer mehr Unternehmen einen eigenen Standort in Berlin, darunter vor allem Großkonzerne wie BMW, E.ON, Volkswagen, TUI oder Bertelsmann[171], an denen firmeneigene Lobbyisten direkteren Einfluss leisten können als die Verbände dazu in der Lage sind.[172] Die Schweizerische Public-Affairs-Gesellschaft beschreibt den Einfluss des Lobbyismus als zweiseitig: „Die Gefährlichkeit der Lobbyisten ist ihre Nützlichkeit"[173]. Diese Nützlichkeit für die Politik drückt sich aus in Informationen, welche die Interessenvertreter den politischen Entscheidern zukommen lassen. Daher vertreten diese die Einflussnahme regelmäßig mit der Aussage, sie könnten nicht auf den Kontakt zu Lobbyisten verzich-

---

[169] Leif/Speth, 2006, S. 12.
[170] Vgl. Hinrichs, 2006, S. 90.
[171] Vgl. ebenda.
[172] Vgl. Schumacher, 2006, S. 83.
[173] Kappeler, 2004, S. 1.

ten, liefern sie ihnen doch eine wichtige Grundlage für politische Entscheidungen.[174] Während früher unter der Hand Schecks als Bestechungsmittel verteilt wurden, versuchen die Unternehmen heute mit aufbereiteten Statistiken, Papieren und ausgesuchten Gesetzestexten zu punkten.[175] Daneben handeln Politiker vermehrt nicht mehr nach Idealen, sondern bringen in ihren Handlungen auch persönliche, individuelle Interessen zum Ausdruck. Hierbei spielen Macht, Einfluss, die Höhe des Einkommens, die Sicherung der eigenen Position im Amt oder auch die Zahl der Wählerstimmen eine Rolle.[176] Abgeordnete, Minister und Medienrepräsentanten werden von den (Medien)Konzernen und Verbänden zu exklusiven Veranstaltungen eingeladen, wo sodann unter Ausschluss der Öffentlichkeit wichtige Themen aus Politik und Wirtschaft in Einklang gebracht werden[177]. In Bezug auf den Fachkräftemangel sind vor allem Unternehmen der Versicherungsbranche am Lobbying beteiligt, tun sich hier mit der zunehmenden Privatisierung der gesetzlichen Sozialversicherungssysteme ganz neue Wachstums- und Profitmöglichkeiten auf[178]. So ist es nicht verwunderlich, dass einige Politiker die Seiten wechseln und nach ihrer Amtszeit hohe Positionen in Lobbyunternehmen einnehmen. Dabei stellt sich die Frage, inwiefern Politiker bereits während ihrer Tätigkeit in der Politik Entscheidungen im Hinblick auf einen lukrativen Job getroffen haben. Als Beispiel sei hier Ex-Kanzler Gerhard Schröder zu nennen, welcher zum Ende seiner Regierungszeit einer Bürgschaft für Milliardenkredite eines Gaspipeline-Projektes in Zusammenarbeit mit Russland zustimmte. Nach seiner Amtszeit wurde dieser zum Aufsichtsratsvorsitzenden der Betreibergesellschaft ernannt.[179] Aus diesen Problematiken ist also abzuleiten, dass die Unternehmen aus den o.g. Gründen ein subjektives Interesse an der Verbreitung der Debatte des Fachkräftemangels haben und davon auszugehen ist, dass viele der der Bevölkerung zugänglich gemachten Informationen das Ergebnis erfolgreicher Lobbyarbeit sind.

---

[174] Vgl. Lösche, 2006, S. 54 f..
[175] Vgl. ebenda, S. 97; Kleinfeld/Zimmer/Willems, 2007, S. 10.
[176] Vgl. Hinrichs, 2006, S. 89.
[177] Vgl. ebenda, S. 92.
[178] Vgl. Wehlau, 2009, S. 16.
[179] URL: http://www.sueddeutsche.de/politik/gas-pipeline-veraergerung-ueber-rot-gruene-pipeline-buergschaft-1.801240 [Stand: 15.08.2012].

7.4 Wie das Argument des demografischen Wandels die Debatte über den Fachkräftemangel stützt

Eine weitere Irreführung zugunsten der Debatte um den Fachkräftemangel findet bei der Einschätzung der Auswirkungen des demografischen Wandels statt. So herrscht viel Unklarheit darüber, ob dieser tatsächlich solch gravierende Auswirkungen auf die deutsche Gesellschaft hat, wie es in der Öffentlichkeit verbreitet wird. Für Politiker, Arbeitgeberverbände und Medien ist der demografische Wandel *das* schlagende Argument für den Fachkräftemangel. Wenn dieser bisher noch nicht eingetreten ist, dann würde dies mit Sicherheit aufgrund der anhaltenden Schrumpfung der Bevölkerung in den nächsten Jahren geschehen. Bei Vorhersagen von nur noch 65 bis 70 Mio. Menschen im Jahre 2060 beziehen sich die Befürworter des demografischen Wandels vor allem auf die „12. koordinierte Bevölkerungsvorausberechnung" des Statistischen Bundesamtes und stellen diese errechneten Szenarien als sicher eintretende Umstände dar[180]. Die folgende Graphik zeigt diese Vorausberechnung des Statistischen Bundesamtes:

---

[180] Vgl. Bosbach/Bingler, 2011, S.1.

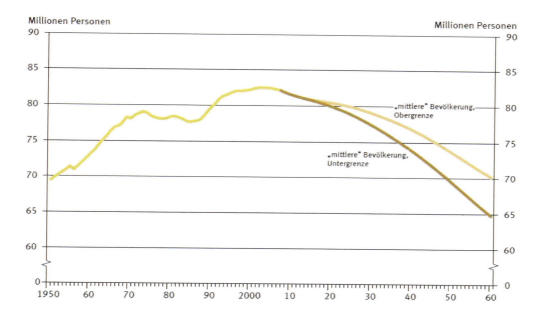

Abbildung 3: *Bevölkerungszahl von 1950 bis 2060.*[181]

Dabei laden Informationsdefizite auf Seiten der Gesellschaft und die Komplexität der Thematik des demografischen Wandels dazu ein, Spekulationen zu betreiben und die Fakten in Richtung individueller Interessen zu verschieben, um direkten Einfluss auf die Meinung der Bevölkerung auszuüben[182]. Es sei vorwegzunehmen, dass der demografische Wandel tatsächlich Folgen nach sich zieht, auf die in den kommenden Jahren reagiert werden muss. Allerdings sollte dies unter Aufklärung der deutschen Bevölkerung geschehen und nicht über soziale Missstände infolge politischer Fehlentscheidungen hinwegtäuschen.[183] Es wird vielfach die Meinung vertreten, der demografische Wandel sei ein plötzlich aufgetretenes Phänomen, wird sogar teilweise genau auf das Jahr 1964/65 datiert, das Jahr der Einführung der Pille und einem damit einhergehenden Geburtenrückgang[184]. Fakt ist, dass der demografische Wandel den Menschen seit seiner Existenz begleitet[185]. Er ist mehr als eine reine Bevölkerungsabnahme, Alterung der Gesellschaft oder Saldierung von Wanderungsverhalten,

---

[181] Vgl. Statistisches Bundesamt, 2009, S. 12.
[182] Vgl. Kistler, 2006, S. 10 f..
[183] Vgl. ebenda.
[184] Vgl. ebenda, S. 24.
[185] Vgl. ebenda, S. 20.

so wie er in der aktuellen Debatte dargestellt wird[186]. Demografie ist die „Wissenschaft von der Bevölkerung"[187], um aus „Größe, Altersaufbau, Geburtenhäufigkeit, Zuwanderung usw."[188] mögliche Szenarien für die Zukunft abzuleiten.[189] Seriöse Bevölkerungswissenschaftler trauen sich zu Recht nicht daran, Prognosen für die weitere Bevölkerungsentwicklung vorzunehmen[190]. Institutionen wie das Statistische Bundesamt fertigen lediglich Szenarien an, wie die Bevölkerung sich entwickeln *könnte*. Dies stellt nur die Fortschreibung von Trends dar. Doch der wichtigste dabei zu beachtende Aspekt ist, dass 50 Jahre gleichbleibende Umstände wie die Geburt von 1,4 Kindern pro Frau und die Zuwanderung von 100.000+ Menschen unterstellt werden[191]. Strukturbrüche werden bei diesen Berechnungen gänzlich außer Acht gelassen. Hätten Demografen im Jahre 1900 die Bevölkerungszahl für 1950 vorausgesagt, so wären sie anhand der Gegebenheiten zu dieser Zeit wahrscheinlich auf eine Einwohnerzahl von über 200 Mio. Menschen gekommen, da sich zwei Weltkriege zu dieser Zeit noch nicht ankündigten[192]. Hätten sie sich 1950 an eine Vorhersage für 2000 gewagt, so konnten sie noch nichts von der Entwicklung der Pille oder der massiven Zuwanderung der Gastarbeiter in den 1960er Jahren wissen[193]. Versucht man sich also heute an derartigen Vorausberechnungen, bilden sie lediglich ein Horrorszenario ab und nicht die tatsächlich eintretende und nicht zu berechnende Wirklichkeit. Doch welche Gründe könnte es für das Schüren der Angst vor dem demografischen Wandel seitens Politik und Unternehmensverbänden geben? Die Debatte eignet sich als Rechtfertigung für das zukünftige Versagen der deutschen Sozialversicherungssysteme. Unterstützt die Politik die Interessen der Versicherungswirtschaft, so wird diese noch zusätzlich subventioniert und schlägt Kapital aus diesem neuen Wirtschaftszweig.

Es wird argumentiert, dass aufgrund der höher werdenden Zahl an älteren Personen und der unzureichenden Geburtenrate zu wenig junge Menschen vorhanden sind, um die gesetzlichen Sozialsysteme, wie sie bisher bestehen, finanzieren zu können. Nicht

---

[186] Vgl. Bosbach/Bingler, 2011, S. 1.
[187] Thurich, 2006, S. 16.
[188] ebenda.
[189] Vgl. ebenda.
[190] Vgl. Kistler, 2006, S. 10.
[191] URL: https://www.destatis.de/bevoelkerungspyramide/ [Stand: 18.08.2012].
[192] Vgl. Berger, 2011, S. 80.
[193] Vgl. ebenda.

fehlerhafte politische Entscheidungen, sondern die Menschen selbst seien aufgrund weniger Nachkommen schuld am Sozialabbau[194]. Die radikale Zunahme von Pflegefällen würde beispielsweise die Beiträge für die Pflegeversicherung immens in die Höhe treiben. Diese würden 2060 bis zu viermal höher liegen als bisher, so Bernd Raffelhüschen, Volkswirt, Vertreter der liberalen Auffassung und Mitglied im Aufsichtsrat der ERGO Versicherungsgruppe.[195] Da dies nicht zu stemmen sei, liege die Lösung in der Teilprivatisierung der Pflegeversicherung[196]. Der Sachverständigenrat für Wirtschaft ist der Ansicht, eine Rente mit 67 Jahren würde die Belastungen künftiger Generationen reduzieren und sei zwingend notwendig. Da damit zu rechnen sei, dass die Menschen zukünftig ein höheres Alter als bisher erreichen, sollte das Rentenalter bis 2060 sogar auf 69 angehoben werden.[197] Ein späterer Renteneinstieg bedeutet allerdings nicht nur die Finanzierung der Rentner über einen kürzeren Zeitraum, sondern aussagekräftiger ist die Tatsache, dass dieser Personenkreis länger als Steuerzahler zur Verfügung steht. In dem Zusammenhang wird in den Berechnungen nicht auf die Tatsache eingegangen, dass die immer noch hohe Arbeitslosigkeit zu immensen Ausgaben für die Sozialversorgung führt und nicht der demografische Wandel[198]. Dieses Argument wiegt schwer, beachtet man die Tatsache, dass die eigentliche Zusatzbelastung durch die älter werdenden Menschen nur 0,4 Prozent pro Jahr beträgt und somit derzeit kein ernstzunehmendes Problem für das deutsche Sozialsystem darstellt. Betrachtet man die Umstände des letzten Jahrhunderts, so wird die demografische Entwicklung unter Beachtung der Erhöhung der Lebensdauer der Menschen um 30 Jahre, der Schrumpfung des Anteils von Kinder und Jugendlichen von 44 auf 21 Prozent und der Zunahme der Zahl an über 65-jährigen von 5 auf über 16 Prozent wohl kaum zum Zusammenbruch unserer Versorgungssysteme führen. Dies ist bereits in der Vergangenheit nicht geschehen, sondern im Gegenteil, es ist zu einer Stabilisierung derer gekommen.[199]

---

[194] Vgl. Kistler, 2006, S. 9.
[195] Vgl. ebenda, S. 78.
[196] Vgl. ebenda, S. 78f..
[197] Vgl. Sachverständigenrat für Wirtschaft, 2011, S. 3.
[198] Vgl. Bosbach/Bingler, 2011, S. 1.
[199] Vgl. ebenda.

7.5 Hintergründe über den Wunsch nach qualifizierter Zuwanderung

Obwohl viele Unternehmen die Stellenbesetzung durch ausländische Fachkräfte nicht als vorrangige Lösung ansehen[200], wird der Ruf nach qualifizierter Zuwanderung vor allem seitens der Politik immer lauter. Nach der eher erfolglosen Green-Card-Initiative, trat nun am 1. August diesen Jahres die Blue-Card in Kraft, die die Umsetzung der EU-Hochqualifizierten-Richtlinie darstellt. Diese soll vor allem Akademikern und vergleichbar Qualifizierten aus Nicht-EU-Staaten die Zuwanderung nach Deutschland erleichtern.[201] Hört sich diese Initiative zunächst nach einer funktionierenden Lösung im Kampf gegen den demografischen Wandel an, so wirkt sich die deutsche Blue-Card bei näherer Betrachtung negativ auf die deutschen Löhne aus. Können Fachkräfte aus Nicht-EU-Staaten einen deutschen Arbeitsvertrag mit einem Mindestgehalt von 44.800€ brutto p.a. nachweisen, erhalten sie eine Blue-Card. Noch im Jahr 2009 lag diese Gehaltsschwelle bei 66.000€ brutto p.a., also weit über der heutigen Grenze, wodurch der Druck auf die Löhne der deutschen Arbeitnehmer weitaus geringer war. Bei stark nachgefragten Berufen seitens der Arbeitgeber, wie bei Ingenieuren, Ärzten oder Informatikern, liegt die Grenze nun sogar bei nur 34.900€ brutto p.a., da hier laut der BA[202] dringend Fachkräfte gebraucht werden und eine niedrigere Gehaltsschwelle die Einwanderung erleichtern würde.[203] Für eine hochqualifizierte Arbeitskraft bedeutet dies knapp 1.800€ netto im Monat und liegt damit weit unter dem Durchschnittsgehalt der deutschen Ingenieure mit 56.700€ brutto p.a., also ungefähr 2.660€ netto im Monat[204]. Zum Vergleich: Ein Techniker mit Berufsausbildung verdient durchschnittlich 38.000€ brutto p.a.[205], also mehr als die Grenze für einen studierten Ingenieur aus dem Ausland. Daneben fällt nun auch die Vorrangprüfung vor Vergabe einer Blue-Card weg, bei welcher zuerst geprüft wurde, ob für die zu vergebene Stelle auch alternativ ein deutscher Bewerber zur Verfügung stände.

---

[200] Vgl. DIHK, 2011, S. 16 f..
[201] URL: http://www.zeit.de/2012/17/C-Fachkraefte [Stand: 15.08.2012].
[202] Vgl. Bundesagentur für Arbeit, 2012a, S. 1.
[203] URL: http://www.zeit.de/2012/17/C-Fachkraefte [Stand: 18.08.2012].
[204] URL: http://www.ingenieurkarriere.de/beratung/gehaltscheck/karriereportal_00000517/gehalt_2011/cache.aspx [Stand: 18.08.2012].
[205] Vgl. Öz/Bispinck, 2009, S. 1.

Dies führt zu einem hohen Lohndruck für die deutschen Fachkräfte und Unternehmen, denn so können Lohneinsparungen durch die günstigere Anstellung ausländischer Fachkräfte realisiert werden. Deutsche Arbeitnehmer wären aufgrund des Wettbewerbs auf dem Arbeitsmarkt gezwungen, ihre Lohnforderungen herunterzuschrauben, was einen weiteren Abbau sozialer Standards bedeuten würde. Diese Entwicklungen sind das Ergebnis erfolgreicher Lobbyarbeit, welche sich nunmehr für die Unternehmensverbände und Betriebe auszahlt, gut ausgebildeten deutschen Fachkräften allerdings die Möglichkeit der finanziellen Absicherung nimmt. Fraglich ist allerdings, wie attraktiv Deutschland tatsächlich für potenzielle Einwanderer ist. Das IAB und die BA gehen von einer Einwanderungszahl zwischen 100.000 und 140.000 pro Jahr aus[206]. Allerdings muss hierbei beachtet werden, wie viele Menschen gleichzeitig aus Deutschland auswandern. Betrachtet man die jüngsten Entwicklungen auf dem Arbeitsmarkt und bei den Sozialsystemen, so könnte davon auszugehen sein, dass die Zahl an deutschen Auswanderern in den nächsten Jahren weiter steigen wird. Bereits in den vergangenen Jahren hat Deutschland ein vermehrtes Auswanderungsverhalten erlebt. Demgegenüber sind jedoch nicht genügend Menschen eingewandert, um diese Zahl auszugleichen.[207] Die folgende Grafik belegt, dass bereits in den Jahren 2008 und 2009 mehr Menschen aus Deutschland fort- als zugezogen sind:

---

[206] Vgl. Sauer/Ette, 2010, S. 24.
[207] Vgl. ebenda.

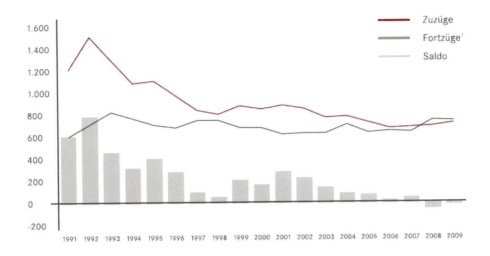

Abbildung 4: *Fort- und Zuzüge bis 2009.*[208]

Die Zunahme prekärer Arbeitsverhältnisse, die wachsende Zahl von im Niedriglohnsektor beschäftigten Personen und die zunehmende Privatisierung des Rentensystems führen zu Verunsicherung und Angst in der Gesellschaft. Dies würde Engpässe in den bereits jetzt betroffenen Branchen, wie z.B. im Bereich der Pflege, noch weiter verschärfen. Angesichts der Umstände wäre es auch nicht verwunderlich, wenn die Geburtenrate weiter sinkt. Menschen in Leiharbeit, ohne sozialversicherungspflichtige Anstellung oder Beschäftigte im Niedriglohnsektor haben oftmals nicht die finanziellen Möglichkeiten und Sicherheiten, um eine Familie zu gründen. Somit könnte Deutschland als Einwanderungsland nicht attraktiv genug sein, was vor allem an den Arbeitsbedingungen und stagnierenden Löhnen liegen könnte. Warum sollte ein osteuropäischer Facharbeiter einen Zeitarbeits- oder Minijob annehmen, wenn er in anderen industrialisierten Ländern wie Schweden, den Niederlanden oder Dänemark einen regulären und gut bezahlten Job ausüben könnte?[209]

Das Zuwanderungsbegehren der Bundesregierung und Unternehmerverbände erscheint zudem in Zeiten verpasster und immer noch unzureichender Integration von

---

[208] Vgl. Bundesagentur für Arbeit, 2011, S. 36.
[209] Vgl. Berger, 2011, S. 34.

Migranten und der stetigen Zunahme rechten Gedankenguts grob fahrlässig. Müssten Hochqualifizierte aufgrund des durch Zuwanderung ausgelösten Wettbewerbs auf dem Arbeitsmarkt zu Billiglöhnen arbeiten, hätte dies eine Entsolidarisierung zur Folge, welche sich hemmend auf die weitere Integration der Einwanderer auswirken würde[210]. Deutsche Arbeitnehmer könnten die Entwicklungen am Arbeitsmarkt als soziale Ungerechtigkeit empfinden, wodurch der Fremdenhass weiter geschürt würde. Diesen Entwicklungen muss in jedem Fall gegengesteuert werden. Betrachtet man die Zahl der Migranten in Deutschland, so ist hier ein großes, ungenutztes Potenzial zu erkennen. Mehr als ein Drittel derer verfügt über keine abgeschlossene Berufsausbildung. Widersprüchlich erscheint in Zeiten eines angeblichen Fachkräftemangels auch der Umgang mit ausländischen Absolventen eines deutschen Hochschulabschlusses. Diese dürfen lediglich 120 Tage im Jahr während des Studiums arbeiten[211]. Oftmals rutschen Absolventen jedoch über ein längeres Praktikum oder eine Werkstudententätigkeit während des Studiums in ein festes Arbeitsverhältnis. Somit haben es diese Fachkräfte schwerer als Deutsche, eine Anstellung zu finden. Im Ergebnis blieben 2009 nur 4.820 von knapp 26.000 Absolventen zum Arbeiten in Deutschland. Dass der Staat bereits in diese Studenten investiert hat und sie dann ohne jegliche Bemühungen ziehen lässt, wird bei solchen Regelungen offenbar nicht bedacht.[212] Somit sind die Zuwanderungsbemühen der Regierung und Arbeitgeberverbände überzogen und stellen den Berechnungen zufolge keine geeignete Maßnahme dar, um einem Engpass an Fachkräften entgegenzuwirken. Verbesserte Arbeitsbedingungen und faire Löhne sowie gesicherte und sozialversicherungspflichtige Arbeitsplätze könnten die Arbeitslosigkeit verringern und dem Engpass entgegenwirken. Die Kampagne „Qualifizierte Zuwanderung" durch die demografisch bedingte Alterung zu rechtfertigen, ist nach den o.g. Ausführungen nicht plausibel und erscheint somit als Ablenkung von den finanziellen, sozialen und arbeitsmarktpolitischen Baustellen Deutschlands sowie als Lohndruck durch die Unternehmen.

---

[210] URL: http://www.migazin.de/2012/05/08/die-blue-card-dient-dem-lohndumping/ [Stand: 18.08.2012].
[211] URL: http://www.bundestag.de/dokumente/textarchiv/2012/38766290_kw17_de_zuwanderung/index.html [Stand: 200.08.2012].
[212] URL: http://www.wiwo.de/politik/deutschland/fachkraeftemangel-risiko-leerstelle-gastarbeiter-gesucht/5218254.html [Stand: 18.08.2012].

8. Fazit und Ausblick

Ein Fachkräftemangel zeichnet sich durch den Mangel an Personen mit einem akademischen Abschluss oder einer anerkannten abgeschlossenen Berufsausbildung aus. Hierbei stimmen die Qualifikationen der vorhandenen Arbeitnehmer nicht mit den Anforderungen der Arbeitsplätze überein. Angesichts dieser Mismatch-Problematik können die vorhandenen Arbeitslosen laut Bundesregierung und Unternehmen die offenen Stellen nicht besetzen. Es wird vielfach die Meinung vertreten, der Fachkräftemangel sei ein strukturelles Problem und nicht von vorübergehender Natur. Der Strukturwandel hin zu informations- und wissensintensiven Dienstleistungen und Produkten sowie Defizite im Bildungssystem, durch welche Kinder, Jugendliche und Erwachsene in Aus- und Fortbildung nicht die benötigten Qualifikationen erlangen, führen zu einer Verschärfung der bereits vorhandenen Fachkräfteengpässe. In Deutschland herrscht bisher kein branchenübergreifender oder flächendeckender Fachkräftemangel, sondern es sind lediglich Engpässe in bestimmten Bereichen zu verzeichnen. Laut der Bundesregierung würde sich vor allem der demografische Wandel negativ auf die weiteren Entwicklungen am Arbeitsmarkt auswirken. Dieser führe in den nächsten Jahren zu einer erheblichen Alterung der Gesellschaft und Abnahme des Erwerbspersonenpotenzials durch sinkende Geburtenraten. Wird diesen Umständen nicht entgegengesteuert, so gäbe es im Jahr 2060 nur noch zwischen 65 und 70 Mio. Menschen in Deutschland. Insbesondere würde es derzeit an Informatikern und Ingenieuren mangeln, aber auch im Gesundheitssektor werden Fachkräfte wie Ärzte, Kranken- und auch Altenpfleger gesucht. Somit ist der Fachkräftemangel keineswegs nur ein Problem im akademischen Bereich. Unternehmen haben durch einen Fachkräftemangel Wettbewerbsnachteile und fühlen sich in ihrem Wachstum eingeschränkt. Dies würde sich unmittelbar auf die unternehmerischen Prozesse auswirken und es bestände die Gefahr, dass Standorte und Kapital ins Ausland transferiert oder Stellen aufgrund der Verschlankung von Prozessen abgebaut werden müssten. Der Druck auf die bestehenden Arbeitnehmer würde durch ein erhöhtes Arbeitsvolumen pro Kopf weiter steigen. Unternehmen reagieren auf Fachkräfteengpässe insbesondere mit einer Qualifizierung der eigenen Mitarbeiter und Maßnahmen zur erhöhten Bindung an das Unternehmen. Politisch werden als Lösung ein späteres

Renteneintrittsalter oder die qualifizierte Zuwanderung von Fachkräften aus dem Ausland herangezogen.

Die in dieser Arbeit genannten Untersuchungen haben jedoch gezeigt, dass die Debatte über den Fachkräftemangel erheblich dramatisiert wird. Es bestehen zwar Fachkräfteengpässe in bestimmten Bereichen, in den naturwissenschaftlich-technischen Berufsbildern war die Arbeitslosigkeit im Jahr 2010 jedoch immer noch höher als vor der Krise. Auch die Entwicklungen der Reallöhne weisen nicht auf einen Fachkräftemangel hin. In Bezug auf die Arbeitslosenzahlen zeigt sich, dass bestimmte Personengruppen nicht in die Statistik mit einbezogen werden, so dass die der Bevölkerung zugänglich gemachten Arbeitslosenzahlen erheblich größer ausfallen müssten. Niedrige Arbeitslosenzahlen stützen die Debatte des Fachkräftemangels und vermitteln das Bild einer erfolgreichen Wirtschafts- und Finanzpolitik. Es zeigt sich jedoch, dass der wirtschaftliche Aufschwung insbesondere in prekäre Arbeitsverhältnisse mündet. Schlechte Arbeitsbedingungen und niedrige Löhne lassen das Arbeitsangebot sinken und es kann zu Engpässen in diesen Bereichen kommen. Diese Problematik zeigt sich derzeit in der Kranken- und Altenpflege. Unsichere Arbeitsplätze und Zukunftsängste lassen die Geburtenrate zudem weiter sinken und die bereits bestehenden Engpässe werden zusätzlich verschärft. Bundesregierung und wissenschaftliche Institutionen wie das IW quantifizieren exakte Fachkräftelücken und Wertschöpfungsverluste, obwohl bisher keine einheitliche Methode für solch komplexe Vorgänge existiert. Daneben werden Statistiken im Hinblick auf subjektive Interessen interpretiert und eklatante Hochrechnungen getätigt, ohne etwaige Strukturbrüche mit einzubeziehen. Die Reaktionen von Politik und Unternehmen auf den Fachkräftemangel lassen eine mögliche Intention dahinter erkennen: Die Erhöhung des Renteneintrittsalters führt zu mehr Steuereinnahmen, die Zuwanderung zu niedrigeren Löhnen. Durch den demografischen Wandel seien die Sozialversicherungssysteme in einigen Jahren nicht mehr so funktionsfähig wie heute, so dass die zunehmende Privatisierung dessen diskutiert wird, was zu einem fortschreitenden Sozialabbau führen würde. Es zeichnet sich zwar tatsächlich eine Alterung der Gesellschaft ab, die künftige Zusatzbelastung für Arbeitnehmer liegt allerdings bei 0,4 Prozent und ist damit bisher nicht nennenswert hoch. Die derzeitige Debatte über den Fachkräftemangel wirkt sich somit auch positiv für die Unternehmen aus. Für die

Versicherungsbranche würde sich aufgrund der zunehmenden Privatisierung der sozialen Systeme ein ganz neuer Wirtschaftszweig auftun. So zeigt sich, dass das politische Lobbying für Unternehmen rentabel ist und somit davon auszugehen ist, dass die Interessen der Wirtschaft unmittelbar auf die Entscheidungen der Politik einwirken. Daneben absolvieren aufgrund der intensiven Berichterstattung Tausende von Studenten bestimmte Studiengänge, so dass den Betrieben eine große Auswahl an jungen und billigen Arbeitskräften zur Verfügung steht.

Insgesamt ist also festzuhalten, dass die Debatte über den Fachkräftemangel zwar nicht als Spukgespenst bezeichnet werden kann, da Engpässe in bestimmten Branchen und Berufen tatsächlich bestehen. Sie wird jedoch aufgrund verschiedenster Interessen erheblich dramatisiert und bildet nicht die aktuelle Beschäftigungssituation am Arbeitsmarkt ab. Um den bestehenden Engpässen entgegenzuwirken, sollten Unternehmen ihre Arbeitsbedingungen erheblich verbessern. Sozialversicherungspflichtige und sichere Arbeitsverhältnisse mit fairer Bezahlung würden die Nachfrage nach den betroffenen Berufen steigen lassen. Aber auch Mitarbeiterbindung, die Qualifizierung der eigenen Beschäftigten sowie die Vereinbarkeit von Familie und Beruf werden vor allem bei KMU zentrale Themen sein müssen, um Engpässen entgegenzuwirken. Da die Arbeitskraft in den letzten Jahren im Hinblick auf die rasante Zunahme prekärer Beschäftigung an Ansehen und Wert verloren hat, gilt es das Vertrauen der Arbeitnehmer in gesicherte Arbeitsverhältnisse zurückzugewinnen. Nur so können Arbeitnehmer sich mit „ihrem" Unternehmen identifizieren und ihren Beitrag zur Innovationsfähigkeit und dem Bestehen im zunehmenden Wettbewerb leisten.

9. Literaturverzeichnis

Bade, Klaus J./Oltmer, Jochen (2004): Normalfall Migration, Bonn.

Berger, Jens (2011): Lolek und Bolek ante portas, in: Müller, Albrecht/Lieb, Wolfgang: Nachdenken über Deutschland. Das kritische Jahrbuch 2011/2012, Frankfurt/Main, S. 31-36.

Bienzeisler, Bernd/Bernecker, Sandra (2008): Fachkräftemangel und Instrumente der Personalgewinnung. Kurzstudie im Umfeld technischer Unternehmen, Online im WWW unter URL: http://www.iao.fraunhofer.de/images/downloadbereich/200/fach kraeftemangel-und-instrumente-der-personalgewinnung.pdf [Stand: 18.08.2012].

Biersack, Wolfgang/Kettner, Anja/Schreyer, Franziska (2007): Engpässe, aber noch kein allgemeiner Ingenieurmangel, Online im WWW unter URL: http://doku.iab.de/kurzber/2007/kb1607.pdf [Stand: 11.06.2012].

Biersack, Wolfgang/Kettner, Anja/Reinberg, Alexander/Schreyer, Franziska (2008): Gut positioniert, gefragt und bald sehr knapp, Online im WWW unter URL: http://doku.iab.de/kurzber/2008/kb1808.pdf [Stand: 07.07.2012].

Bosbach, Gerd/Bingler, Klaus (2011): Die Demografie als Sündenbock: Wie Rechnungen ohne den Wirt gemacht werden, Online im WWW unter URL: http://www.bpb.de/internationales/europa/europa-kontrovers/38216/standpunkt-gerd-bosbach-klaus-bingler [Stand: 15.08.2012].

Bosch, Gerhard (1986): Arbeitsmarkt, in: Kittner, Michael (Hrsg.): Gewerkschaftsjahrbuch 1986, Köln.

Bosch, Gerhard/Heinecker, Paula/Kistler, Ernst/Wagner, Dr. Alexandra (2003): Aktueller und künftiger Fachkräftemangel. Eine Analyse für die Bundesrepublik und das Land Berlin, Berlin.

Brenke, Karl (2010): Fachkräftemangel kurzfristig noch nicht in Sicht, Online im WWW unter URL: http://www.diw.de/documents/publikationen/73/diw_01.c.363 686.de/10-46-1.pdf [Stand: 18.08.2012].

Bund Deutscher Ingenieure (BDI) (2012): BDI-Mittelstandspanel. Ergebnisse der Online-Mittelstandsbefragung Frühjahr 2012, Online im WWW unter URL: http://bdi-panel.emnid.de/pdf/BDI-Ergebnisse-Fruehjahr-2012.pdf [Stand: 05.07.2012].

Bundesagentur für Arbeit (2008): Der Arbeitsmarkt in Deutschland. 2000 – 2007 Arbeitsmarktberichterstattung. IT-Fachleute, Online im WWW unter URL: http://www.pub.arbeitsamt.de/hst/services/statistik/000100/html/sonder/flyer_it-fachleute_2008.pdf [Stand: 10.07.2012].

Bundesagentur für Arbeit (2011): Perspektive 2025: Fachkräfte für Deutschland, Online im WWW unter URL: http://www.arbeitsagentur.de/zentraler-Content/Veroeffentlichungen/Sonstiges/Perspektive-2025.pdf [Stand: 10.06.2012].

Bundesagentur für Arbeit (zit. 2012a): Fachkräfteengpässe in Deutschland. Analyse Juni 2012, Online im WWW unter URL: http://statistik.arbeitsagentur.de/Statischer-Content/Arbeitsmarktberichte/Berichte-Broschueren/Arbeitsmarkt/Generische-Publikationen/BA-FK-Engpassanalyse-2012-06.pdf [Stand: 18.08.2012].

Bundesagentur für Arbeit (zit. 2012b): Rundbrief Ausbildung. Ausgabe 01/2012. Weiter schlechte Beschäftigungschancen Ungelernter, Online im WWW unter URL: http://www.bundesregierung.de/Content/DE/PeriodischerBericht/RundbriefAusbildung/2012/02/Anlage/2012-rundbrief-1.pdf?__blob=publicationFile&v=3 [Stand: 18.08.2012].

Bundesanstalt für Arbeit (2002): Arbeitsmarkt 2001. Amtliche Nachrichten der Bundesanstalt für Arbeit. 50. Jahrgang. Sondernummer, Online im WWW unter URL: http://statistik.arbeitsagentur.de/Statischer-Content/Arbeitsmarktberichte/Jahresbericht-Arbeitsmarkt-Deutschland/Generische-Publikationen/Arbeitsmarkt-2001.pdf [Stand: 19.08.2012].

Bundesinstitut für Berufsbildung (2010): 16 Fragen zum Fachkräftemangel in Deutschland, Online im WWW unter URL: http://www.bibb.de/dokumente/pdf/16_fragen_und_antworten_final_hr_gz.pdf [Stand: 07.06.2012].

Bundesministerium für Arbeit und Soziales (BMAS) (2012): Gute Praxis – Ideen und Anregungen zur Fachkräftesicherung in der Region, Berlin.

Buntenbach, Annelie (2012): Licht und Schatten im Beschäftigungssystem – Entwicklung der Erwerbstätigkeit in den letzten 20 Jahren -, Online im WWW unter URL: http://www.sozialpolitik-aktuell.de/tl_files/sozialpolitik-aktuell/_Politikfelder/Arbeitsmarkt/Dokumente/Licht%20und%20Schatten.pdf [Stand: 18.08.2012].

Der Bundesminister für Forschung und Technologie (1982): Expertengespräch Jugend und Technik, Bonn.

Deutscher Bundestag (2011): Antwort der Bundesregierung auf die Kleine Anfrage der Abgeordneten Sabine Zimmermann, Jutta Krellmann, Sevim Dag˘delen, weiterer Abgeordneter und der Fraktion DIE LINKE. Fakten und Position der Bundesregierung zum so genannten Fachkräftemangel, Online im WWW unter URL: http://dokumente.linksfraktion.net/drucksachen/20288_1704784.pdf [Stand: 17.08.2012].

Deutscher Industrie- und Handelskammertag e.V. (DIHK) (2005): Ruhe vor dem Sturm – Arbeitskräftemangel in der Wirtschaft, Online im WWW unter URL: http://www.erfahrung-deutschland.de/website/_html/presse/marktinfos/pdf_1.pdf [Stand: 15.06.2012].

Deutscher Industrie- und Handelskammertag e.V. (DIHK) (2007): Kluge Köpfe – vergeblich gesucht – Fachkräftemangel in der deutschen Wirtschaft, Online im WWW unter URL: http://www.erfahrung-deutschland.de/website/_html/presse/marktinfos/pdf_6.pdf [Stand: 15.06.2012].

Deutscher Industrie- und Handelskammertag e.V. (DIHK) (2011): Der Arbeitsmarkt im Zeichen der Fachkräftesicherung. DIHK-Arbeitsmarktreport 2011, Online im WWW unter URL: http://www.ihk-kassel.de/solva_docs/arbeitsmarktreport_herbst11.pdf [Stand: 02.07.2012].

Eichhorst, Werner/Thode, Eric (2002): Strategien gegen den Fachkräftemangel. Band 1: Internationaler Vergleich, Gütersloh.

Ette, Andreas/Sauer, Lenore (2010): Abschied vom Einwanderungsland Deutschland? Die Migration Hochqualifizierter im europäischen und internationalen Vergleich, Online im WWW unter URL: http://www.bertelsmann-stiftung.de/bst/de/media/xcms_bst_dms_32641_32664_2.pdf [Stand:15.08.2012].

Flato, Ehrhard/Reinbold-Scheible, Silke (2008): Zukunftsweisendes Personalmanagement. Herausforderung demografischer Wandel. Fachkräfte gewinnen. Talente halten. Erfahrung nutzen, München.

Fuchs, Johann/Söhnlein, Doris/Weber, Brigitte (2011): Rückgang und Alterung sind nicht mehr aufzuhalten, Online im WWW unter URL: http://doku.iab.de/kurzber/2011/kb1611.pdf [Stand: 27.06.2012].

Hanau, Arthur (1928): Die Prognose der Schweinepreise. Vierteljahrshefte zur Konjunkturforschung, Online im WWW unter URL: http://www.diw.de/sixcms/detail.php/43353 [Stand: 18.08.2012].

Heine, Christoph/Quast, Heiko (2011): Studienentscheidung im Kontext der Studienfinanzierung, Online im WWW unter URL: http://www.his.de/pdf/pub_fh/fh-201105.pdf [Stand: 05.07.2012].

Herbert, Ulrich (2001): Geschichte der Ausländerpolitik in Deutschland: Saisonarbeiter, Zwangsarbeiter, Gastarbeiter, Flüchtlinge, München.

Hinrichs, Ulrike (2006): Politiker und Lobbyisten – Lobbyisten als Politiker, in: Leif, Thomas/Speth, Rudolf (Hrsg.): Die fünfte Gewalt, Lobbyismus in Deutschland, Wiesbaden, S. 88-98.

Hug, Martin (2008): Fachkräftemangel im Mittelstand. Status Quo, Ursachen und Strategien, Online im WWW unter URL: http://www.erfahrung-deutschland.de/website/_html/presse/marktinfos/pdf_8.pdf [Stand: 17.07.2012].

Janik, Florian (2008): Rekrutierung von Fachkräften, Online im WWW unter URL: http://doku.iab.de/veranstaltungen/2008/fachkraefte_2008_janik.pdf [Stand 17.08.2012].

Kappeler, Beat (2004): Die Gefährlichkeit der Lobbyisten ist ihre Nützlichkeit, Online im WWW unter URL: http://www.public-affairs.ch/spag_referat_kappeler.pdf [Stand: 15.08.2012].

Kettner, Anja (2012): Fachkräftemangel und Fachkräfteengpässe in Deutschland: Befunde, Ursachen und Handlungsbedarf, Online im WWW unter URL: http://opus.kobv.de/tuberlin/volltexte/2012/3502/pdf/kettner_anja.pdf [Stand: 07.06.2012].

Kistler, Ernst (2005): Die Technikfeindlichkeitsdebatte – Zum politischen Missbrauch von Umfrageergebnissen, Online im WWW unter URL: http://www.itas.fzk.de/tatup/053/kist05a.htm [Stand: 15.08.2012].

Kistler, Ernst (2006): Die Methusalem-Lüge – Wie mit demographischen Mythen Politik gemacht wird, München.

Koppel, Dr. Oliver/Erdmann, Dr. Vera (2009): Methodenbericht. Ingenieurmonitor – Fachkräftebedarf und –angebot nach Berufsordnungen und regionalen Arbeitsmärkten, Online im WWW unter URL: http://www.iwkoeln.de/de/studien/gutachten/beitrag/85301 [Stand: 19.08.2012].

Koppel, Oliver/Plünnecke, Axel (2009): Fachkräftemangel in Deutschland, Köln.

Kleinfeld, Ralf/Zimmer, Annette/Willems, Ulrich (2007): Lobbying. Strukturen. Akteure. Strategien, Wiesbaden.

Kötter, Paul M./Hunziger, Anke/Dasch, Patricia (2002): Strategien gegen den Fachkräftemangel. Band 2: Betriebliche Optionen und Beispiele, Gütersloh.

Lieb, Wolfgang (zit. 2011a): Sachverständigenrat – 2070: Rente erst kurz vor Ableben, in: Müller, Albrecht(Hrsg.)/Lieb, Wolfgang: Nachdenken über Deutschland. Das kritische Jahrbuch 2011/2012, Frankfurt/Main, S. 95-100.

Lieb, Wolfgang (zit. 2011b): Beschäftigungs-„Boom" vor allem bei atypischen Beschäftigungsverhältnissen und bei der Leiharbeit, in: Müller, Albrecht (Hrsg.)/Lieb, Wolfgang: Nachdenken über Deutschland. Das kritische Jahrbuch 2011/2012, Frankfurt/Main, S. 106-108.

Lösche, Peter (2006): Demokratie braucht Lobbying, in: Leif, Thomas/Speth, Rudolf (Hrsg.): Die fünfte Gewalt, Lobbyismus in Deutschland, Wiesbaden, S. 53-68.

Mesaros, Leila/Vanselow, Achim/Weinkopf, Claudia (2009): Fachkräftemangel in KMU – Ausmaß, Ursachen und Gegenstrategien, Online im WWW unter URL: http://library.fes.de/pdf-files/wiso/06797.pdf [Stand: 17.06.2012].

Muehlemann, Samuel/Wolter, Stefan C. (2007): Regionale Effekte auf das betriebliche Ausbildungsverhalten: Evidenz für die duale Berufsbildung in der Schweiz, Online im WWW unter URL: http://doku.iab.de/zaf/2007/2007_2-3_zaf_muehlemann_wolter_d.pdf [Stand 04.07.2012].

Oltmer, Jochen/Kreienbrink, Axel/Sanz Díaz, Carlos (2012): Das „Gastarbeiter"-System. Arbeitsmigration und ihre Folgen in der Bundesrepublik Deutschland und Westeuropa, München.

Rahner, Sven (2011): Fachkräftebedarf und Zuwanderung: Geschichten und Perspektiven, Online im WWW unter URL: http://www.bpb.de/apuz/59739/fachkraeftebedarf-und-zuwanderung-geschichte-und-perspektiven [Stand: 25.06.2012].

Reinberg, Alexander/Hummel, Markus (2004): Fachkräftemangel bedroht Wettbewerbsfähigkeit der deutschen Wirtschaft, Online im WWW unter URL: http://www.bpb.de/apuz/28210/fachkraeftemangel-bedroht-wettbewerbsfaehigkeit-der-deutschen-wirtschaft?p=all [Stand: 02.07.2012].

Sachverständigenrat für Wirtschaft (2011): Herausforderungen des demografischen Wandels, Online im WWW unter URL: http://www.sachverstaendigenrat-wirtschaft.de/fileadmin/dateiablage/Expertisen/2011/expertise_2011-demografischer-wandel.pdf [Stand: 18.08.2012].

Salzmann, Thomas/Skirbekk, Vegard/Weiberg, Mirjam (2010): Wirtschaftspolitische Herausforderungen des demografischen Wandels – Demografischer Wandel – Hintergründe und Herausforderungen, Wiesbaden.

Schumacher, Hajo (2006): „Die ewig netten Herren". Berlin ist die Hauptstadt eines wild wachsenden Lobbyismus, in: Leif, Thomas/Speth, Rudolf (Hrsg.): Die fünfte Gewalt, Lobbyismus in Deutschland, Wiesbaden, S. 78-87.

Sonntag, Karlheinz/Schaper, Niclas/Friebe, Judith (2005): Erfassung und Bewertung von Merkmalen unternehmensbezogener Lernkulturen, in: Arbeitsgemeinschaft Betriebliche Weiterbildungsforschung e.V. (Hrsg.): Kompetenzmessung im Unternehmen. Lernkultur- und Kompetenzanalysen im betrieblichen Umfeld, Münster, S. 19-321.

Statistisches Bundesamt (2009): Bevölkerung Deutschlands bis 2060. 12. Koordinierte Bevölkerungsvorausberechnung, Online im WWW unter URL: https://www.destatis.de/DE/Publikationen/Thematisch/Bevoelkerung/VorausberechnungBevoelkerung/BevoelkerungDeutschland2060Presse5124204099004.pdf?__blob=publicationFile [Stand: 28.06.2012].

Statistisches Bundesamt (zit. 2011a): Bildung und Kultur. Studierende an Hochschulen, Online im WWW unter URL: https://www.destatis.de/DE/Publikationen/Thematisch/BildungForschungKultur/Hochschulen/StudierendeHochschulenEndg2110410117004.pdf?__blob=publicationFile [Stand: 26.06.2012].

Statistisches Bundesamt (zit. 2011b): Demografischer Wandel in Deutschland. Bevölkerungs- und Haushaltsentwicklung in Bund und den Ländern, Online im WWW unter URL: https://www.destatis.de/DE/Publikationen/Thematisch/Bevoelkerung/VorausberechnungBevoelkerung/BevoelkerungsHaushaltsentwicklung5871101119004.pdf?__blob=publicationFile [Stand: 30.06.2012].

Statistisches Bundesamt (2012): Hochschulen auf einen Blick. Ausgabe 2012, Online im WWW unter URL: https://www.destatis.de/DE/Publikationen/Thematisch/BildungForschungKultur/Hochschulen/BroschuereHochschulenBlick0110010127004.pdf?__blob=publicationFile [Stand: 28.06.2012].

Storz, Henning/Wilmes, Bernhard (2007): Die Reform Staatsangehörigkeitsrechts und das neue Einbürgerungsrecht, Online im WWW unter URL: http://www.bpb.de/gesellschaft/migration/dossier-migration/56483/einbuergerung?p=all [Stand: 20.06.2012].

Thurich, Eckart (2011): pocket Politik. Demokratie in Deutschland, 4. Auflage, Bonn.

Verein Deutscher Ingenieure (VDI) (zit. 2012a): Ingenieurmonitor. Der Arbeitsmarkt für Ingenieure im Juni 2012, Online im WWW unter URL: http://www.vdi.de/fileadmin/vdi_de/redakteur_dateien/dps_dateien/SK/Ingenieurmonitor/2011/Ingenieurmonitor_2012-07.pdf [Stand: 18.08.2012].

Verein Deutscher Ingenieure (VDI) (zit. 2012b): Ingenieurmonitor. Der Arbeitsmarkt für Ingenieure im Februar 2012, Online im WWW unter URL: http://www.vdi.de/uploads/media/Ingenieurmonitor_2012-03_01.pdf [Stand: 18.08.2012].

Wehlau, Diana (2009): Lobbyismus und Rentenreform. Der Einfluss der Finanzdienstleistungsbranche auf die Teil-Privatisierung der Alterssicherung, Wiesbaden.

Weißmann, Hans (2008): Begleitung und Evaluation des IT-Weiterbildungssystems, Online im WWW unter URL: http://www.bibb.de/dokumente/pdf/wd_96_begleitung_evaluation_it-weiterbildungssystem.pdf [Stand: 20.06.2012].

Zentrum für Europäische Wirtschaftsforschung (ZEW) (2001): IKT-Fachkräftemangel und Qualifikationsbedarf. Empirische Analysen für das Verarbeitende Gewerbe und ausgewählte Dienstleistungssektoren in Deutschland, Online im WWW unter URL: http://ftp.zew.de/pub/zew-docs/gutachten/mangel_Endbericht.pdf [Stand: 05.06.2012].

Öz, Fikret/Bispinck, Reinhard (2009): Was verdienen Technikerinnen und Techniker? Eine Analyse von Einkommensdaten auf Basis der WSI-Lohnspiegel-Datenbank, Online im WWW unter URL: http://www.boeckler.de/pdf/pm_ta_studie_techniker_2009_06_16.pdf [Stand: 18.08.2012].

Printed in Poland
by Amazon Fulfillment
Poland Sp. z o.o., Wrocław